A. R. von Perger

Auszug aus Konig Maximilians II.

A. R. von Perger

Auszug aus Konig Maximilians II.

ISBN/EAN: 9783743424258

Hergestellt in Europa, USA, Kanada, Australien, Japan

Cover: Foto ©ninafisch / pixelio.de

Manufactured and distributed by brebook publishing software (www.brebook.com)

A. R. von Perger

Auszug aus Konig Maximilians II.

AUSZUG

AUS

KÖNIG MAXIMILIAN'S II. COPEYBUCH

VOM JAHRE 1564.

NEBST EINEM VERZEICHNISSE DER IN DEMSELBEN VORKOMMENDEN PERSONEN- UND ORTSNAMEN ETC.

VON

A. R. v. PERGER.

VORWORT.

Das „Copey-Buch" enthielt, den vorhandenen Überresten desselben zufolge, die sämmtlichen Schreiben, welche Maximilian II. im Jahre 1564, an Fürsten und Herren, an Behörden und Untergebene erliess, in wortgetreuen Abschriften und nach dem täglich fortschreitenden Datum gereiht. Von diesem einstigen Jahresbuche, das nach einer genauen Überzählung mehr als 652 Folien enthalten mochte, sind noch folgende Blätter und Lagen vorhanden:

Fol. 110 u. 111 vom 10. Februar,
„ 120—124 „ 21. Februar — 4. März,
„ 135—190 „ 10. März — 9. April,
„ 203—204 „ 18. und 19. April,
„ 211—212 „ 21. April,
„ 215—226 „ 23. April — 29. desselben Monats,
„ 229—242 „ 30. April — 3. Mai,
„ 267—271 „ 15. Mai,
„ 276—279 „ 16. — 20. Mai,
„ 284—287 „ 24. und 25. Mai,
„ 297—308 „ 1. — 3. Juni,
„ 353—354 „ 20. Juni,
„ 372—377 „ 1. und 2. Juli,
„ 380—382 „ 2. — 4. Juli,
„ 511—582 „ 7. September — 22. October,
„ 589—590 „ 29. October — 1. November,
„ 593=594 „ 2. November,
„ 597—598 „ 6. — 8. November,
„ 643—652 „ 8. — 15. December.

Diese 193 Folien fanden sich in dem Laden eines Käsehändlers in einer der Vorstädte Wiens. Der jetzige Besitzer derselben, welcher die Güte hatte, sie auf einige Zeit zu wissenschaftlicher Benützung darzubieten, gewahrte sie zufällig, und brachte sie, da er die Schriftzüge als alt erkannte, durch Kauf an sich. Allein die Blätter lagen ganz wirr durcheinander, denn der Käsehändler hatte zu seiner grösseren Bequemlichkeit den Rücken des Copey-Buches weggeschnitten, und, wie es ihm eben zu Hand kam, aller Orten Blätter herausgerissen um seinen Kunden die Waaren auf denselben zu präsentiren. Was daher nicht in den erhaltenen Resten zurückblieb, ist leider in alle vier Winde zerstoben und wohl nicht wieder zu ersetzen. Indessen sind diese Überreste noch immer ansehnlich genug und enthalten, wenngleich oft in einem sehr gedehnten Kanzelleistyl geschrieben, eine Menge interessanter Daten, die sowohl zur Charakteristik Maximilian's II., als der ganzen damaligen Zeit beitragen und eine bedeutende Zahl der mannigfachsten Persönlichkeiten anführen.

Dass der Codex aus irgend einem Archive oder einer Registratur stammt, dürfte wohl kaum zu bezweifeln sein, so wie sich unwillkürlich die Idee aufdrängt, dass er aus demselben entwendet und dem Käsehändler vielleicht für wenige Groschen verkauft wurde. Zugleich leitet er aber auf den Gedanken, dass sich noch irgendwo, auch die anderen Kopey-Bücher Maximilian's II. treffen müssten, deren Auffindung für die Geschichte dieses Kaisers von der grössten Wichtigkeit wäre.

Das „Copey-Buch" ist auf gutes, wenn gleich schon etwas vergilbtes Papier, in Folio geschrieben. Das Wasserzeichen desselben zeigt einen schreitenden Bären, mit vorgestreckter Zunge. Das ganze noch Vorhandene, hätte, von Wort zu Wort abgeschrieben, einen starken Band gegeben, besonders da in vielen dieser Schreiben ein und derselbe Gegenstand mehrfach wiederholt ist, und somit dürfte der vorliegende, gewissenhafte Auszug, bei welchem alle Überschriften und die wichtigsten Stellen dieser 322 Schreiben genau copirt sind, seinen Zweck erfüllen. Wohl hätte der Inhalt derselben zu einer weitläufigen Abhandlung Stoff gegeben, besonders über die Geldverhältnisse Maximilian's, über die Leichenfeierlichkeiten zu Prag, über den Process des Ficzin von Merkenstein u. s. w., aber das hiesse nur ein altes, treues Gemälde mit neuen Farben übertünchen wollen, und weit wichtiger ist es, den 'jetzigen Besitzer dieser Überreste des „Copey-Buches" dahin zu vermögen, dass er dieselben für die Folge an einen Ort bringe, an welchem sie für immer gesichert bleiben.

1. **1564. 10. Februar. Prag.** An Herrn *Eustachen von Schlieben*, das Ir Khun. Mt. ime seiner zuegestandene Verhinderung seines leibs schwachhait, das er auf den jungst gehaltnen landtag im Marggrafthumb Niderlausitz nit erschinen, guediglich entlassen. *Fol. 110 a.*

2. **1564. 10. Februar. Prag.** An *Churfürsten zu Sachssen*, befurderung für *Philipsz Husseckh von Newenhouen*.
(„Hierbei verschlossen wirdet Dein Lieb vernemen was Phillipsz Husseckh von Newenhofen an vnns suppliciret" etc. (Die Bitte ist nicht angegeben.)
Fol. 110 b.

3. **1564. 10. Februar. Prag.** An *Jacob Khatz*, Ober-Einnemer in Behem, das er *Christophen Stredele* alle die parschafft, so uil er deren auss dem bewilligten pier groschen und crönung-stewr in Behmen einbekhomen, gegen seiner Quittung zuestellen wöllen. *Fol. 111 a.*

4. **Ohne Datum und Ort.** An Herrn *Adam Ongnaden*, das er bey den Stenden des Marggrafthumb Marhern handlen wolle, damit *Franciscus Thay* daselbst zu einem landtman angenomen werden möchte. *Fol. 111 b.*

5. **1564. 3. Februar. Prag.** *Jacoben von Sparwein* vidimus seines adelichen herkhomen vnd geburt.
„Bekhennen vnnd thun khundt menigerlich, das vnns der Ernuesst vnnser Hof-Diener vnnd lieber getrewer Jacob von Sparwein einen pergamenen Brief mit des Hochgebornen vnseres lieben Ohem vnnd Fürsten Albrechten des Eltern, Marggrauen zu Brandenburg vnnd in Preussen, angehangen dem Insigl, darinnen sein adelich herkhomen vnd gehurt stattlich vnd glaubhaftig aussgefuert.
(Folgt die wörtliche Abschrift des Adelsbriefes.) *Fol. 120 a.*

6. **1564. 4. März. Wien.** An *Churfürsten zu Sachssen* vmb verern bericht in sachen des *Pettern Ochssen*, seine vorenthaltene guetter bey dem Khunig aus Denemarkht betreffendt.

(Maximilian hatte schon am 17. Jänner 1563 in dieser Angelegenheit an den Churfürsten geschrieben, und erneuert hiermit seinen Wunsch.) *Fol. 124 a.*

7. **Ohne Datum.** Ainer ersamen *Landtschaft zu Österreich vnnder der Enns,* geben die Khu. Mt. ainen revers, sy bey iren freyhaitten zu handthaben vnnd alle ire priuilegia zu confirmiren. *Fol. 124 b.*

8. **1564. 10. März. Sine loco.** Auf *Lorentzen de Negro* suppliciern, ratschlag an die N. O. Regierung.

„Dieweil die R. Khu. Mt. ect. befinden, das allain der Gundlfinger den Supplicanten Lorenzen de Negro, mit solcher heftigen schärpffe vber alle Ir Khu. Mt. vorige verordnung verfolget, auch vnderstehet von newen inns gefenckhnuss zu bringen etc. so gesynnen Ir Khu. Mt. gnediglich, Sy wöllen hiervber vnnd wie dem Negro dissfalls möchte geholffen, auch der Gundelfing fueglich abgewisen vnd contentiert werden, Irer Khu. Mt. Ir rattlichs guettbedunckhen eröffnen." *Fol. 135 b.*

9. **1564. 10. März. Wien.** An die *Landtschafft in Österreich* vnder der Enns, furschrifft fur *Wolffen Balaschi,* Irer Mt. mundtschenckh, inen zu ainem Landtman anzunemen vnd einkhomen zu lassen.

(Die Supplication des Balaschi wird beigelegt und ihm ein ehrenvolles Zeugniss gegeben. Auch wird erwähnt, dass „er bei den Teutschen erzogen, derselben Sprach vnnd Sitten trefflich wolerfaren" und mit dem Geschlecht des Herrn Stanndls befreundt vnd verheyrat sei.) *Fol. 135 b.*

10. **1564. 10. März. Wien.** An die Deputierten *Stett zu Wormbs,* das sy *Wolffen Haller von Hallerstain* (Reichs-Pfennigmeister) zu einbringung der 30.000 fl. R. noch von Maigdeburg herruerendt, verhulfflich sein wöllen. *Fol. 136 b.*

11. **1564. 10. März. Wien.** An das Khaiserlich *Camergericht* für *Anthonio Pachero,* ime gegen denen von *Haimburg* ainen furderlichen Rechtstag zu verschaffen.

(Gegen den Schluss des Schreibens heisst es: „Ir wollet angeregtem Pachero (aus Hispanien) mit wüerklicher Verfassung, gebührlichs, fürderlichs vnnd schleinigs rechtens vnnd gerechtigkeit gegen denen von Haimburg" etc. gewähren. Die Ursache des Rechtsstreites ist jedoch nicht angegeben.)
Fol. 137 a.

12. **1564. 10. März. Wien.** An Hertzog *Albrechten von Bayrn,* auf ein Schreiben Graf *Joachimen von Orttenburg* betreffendt, Anndtwort.

(Die „Irrung" zwischen Herzog Albrecht und dem Grafen von Ortenburg anlangend. Die Gründe dieser „Irrung" sind nicht angeführt.) *Fol. 138 a.*

13. **1564. 10. März. Wien.** An Doctor *Thimotheo Jungen* auf sein schreiben anndtwort.

(Dem Doctor wird für sein ausführliches Schreiben vom 23. Februar gedankt und er ersucht, auch fernerhin „vnnd insonderheit vnnd adpartem alles das so der Khai. Mt geschriben wirdet, auch abschrifftlich" mitzutheilen und zu jeder Zeit sein Bedenken „vnnd was sonst auch für Zeittung und Particularitet anlangen" dabei zu vermelden.) *Fol. 138 b.*

14. **1563. 10. März. Wien.** *Adamen Schwetkhowitz*, raitbrief seines empfangs vnd ausgebens.

(Schwetkowitz, königl. Rath und Kämmerer, legte Rechnung über die königl. Einnahmen und Ausnahmen (der eigenen Kammer k. Majest.) vom 1. Nov. 1560 bis 3. Febr. 1564, und erhält die Bestätigung dass er „ain erbare, guette, aufrichtige Raittung gethan hat", und zwar vor „Leonhardten von Harrach dem Älteren, geheimer Rath vnd Camerer vnnd Oberst-Hofmaister". Der Empfang an barem Gelde betrug 30.748 fl. 50 kr. Rhein. Die Ausgabe hingegen 12.932 Gulden 13 kr. und 1 Pfenning (den Gulden zu 15 Batzen oder 60 Kreuzer). Der Rest von 17816 fl. 36 kr. 3 d. Rhein. wurde an den Hof-Controlor Christoph Strudelo abgegeben, und das Ganze hiermit zugleich quittirt.) *Fol. 139 a.*

15. **1564. 10. März. Wien.** An Graf *Joachimen von Orttenburg* auf sein Schreiben, die beschwarung wider den Hertzogen von Bayrn betreffendt. Anntwort.

Es heisst in diesem Schreiben u. a.:

„Dieweil wir vermerckht, das die Rom. Khai. Mt. vnnser geliebter Herr vnnd Vatter, die sach an das khaiserlich Camergericht gewisen, etc. so hasst du selbst zu erwegen, das vns nicht gepueren wolle, Irer Khai. Mt. fur zu greiffen, oder was anders dagegen furzunemen, sonndern achten für den nechsten weeg, dass du dich desselben also betragest vnnd daran benungen lassest."

(Der Gesuchsteller wird somit abgewiesen.) *Fol. 140 b.*

16. **1564. 10. März. Wien.** An die *Regierung zu Ensisheim*, Comendation für Doctor *Joachim Zasy*, ime in seinem fürbringen rattlich vnd hilflich zu erscheinen.

Joachim Zasy „der heil. Geschrift Doctor, Probst zu Ölenberg und Canonicus zu Basel", hatte sich wegen der besteuerung der Probstei an Maximilian gewendet, der ihn auch: „nit allein von seiner Person, sondern auch seines Brueders, des ersamen gelerten, vnsers lieben getrewen Johan Vlrich Zasyen, der Rechten Doctors, Ro. Khai Mt. vnnd vnseres Raths vnnd Vice canzlers wegen" — der Regierung von Ensisheim anempfiehlt. *Fol. 141 a.*

17. **1564. 10. März. Sine loco.** Dern von Eisenstat Beschaid auf ir begeerte Confirmation.

(Wird abgewiesen „weil Ir Khai. Mt. am Leben, und es seiner Khu. Mt. nit gebüren will" eine Confirmation ausgeben zu lassen.) *Fol. 142 a.*

18. **1564. 10. März. Wien.** An Herrn *Behemischen Cantzler*, das er auf *Jacoben Khatz* schreiben vnd *Niclasen Schwartzenbergers* Supplication, sein rättlich guetbedunckhen fürderlich vbersenden wolle.

(Die Schreiben des Jacob Khatz, Ober-Biereinchmer in Böhmen, und des Nicklas Schwarzenberger werden dem Kanzler mit dem Wunsch zugesendet, dass er über jeden einzelnen Artikel derselben sein Gutachten abgebe.)

Fol. 142 a.

19. **1564. 10. März. Wien.** An die *dreitzehn Stett* in Schweitz, den *Hertzogen von Saphoy* betreffendt.

(Die dreizehn Städte werden angegangen dem Herzog Emanuel Philibert von Savoyen und Prinzen zu Piemont, die mit: „Khriegsgewallt abgedrungene vnnd eingezogene stattliche vnnd altvatterliche, auf sein Leib vererbte Graf- vnnd Herrschafften, nicht in geringer anzall" wieder zurück zu erstatten.)

Fol. 142 b.

20. **1564. 10. März. Sine loco.** An die von *Presburg*, fürschrift für *Andree Faschanng*.

(Maximilian wünscht dass der „arm Supplicant der eruolgten Prunsst halben, weiter nit beschwerdt oder angefochten werde." Auch soll ihn der Erzbischof von Gran durch seinen Canonicus des fernern unangefochten lassen.)

Fol. 144 a.

21. **1564. 10. März. Wien.** An die Stadt *Bibrach* für *Gottschalckhen Klohkh*.

(Wegen rechtmässiger Einsetzung desselben in die ererbten Güter seiner Base Cäcilia Khlockhin.) *Fol. 144 b.*

22. **1564. 10. März. Wien.** An *Dreissiger* zu Alltenburg, *Christoffen Khnorn*, vorderbrief.

(Der Dreissiger erhält den Befehl sich von Stund an hierher [nach Wien] zu verfügen, um bei Leonhard Freiherrn zu Harrach, Rath und Oberst-Hofmeister, die nöthigen Auskünfte [wahrscheinlich über des Chr. Khnorn Forderbrief] zu geben.) *Fol. 144 b.*

23. **1564. 10. März. Sine loco.** Ratschlag auf den *Stattrichter* alhie, das er Ir. Khü. Mt. berichte was für Malefitz-Person bey Gericht vorhanden.

(Es wird u. A. auch befohlen, dass bis zum Einlaufen des Berichtes und ferneren Bescheides, mit der Execution einzuhalten sei.) *Fol. 145 a.*

24. **1564. 11. März. Wien.** An die *Schlesisch Camer* die zwaintzigtausent fl. Rh. so Ir. Mt. dem *Wolffen Paller* zu Augspurg darstrecklten, betreffendt.

(Dem Wolf Paller wurden am 8. Februar 1664 zu Prag 20000 fl. Rh. aus der schlesischen Kammer zu Breslau, mit dem Bedingniss vorgestreckt und ausbezahlt, dass nach sechs Wochen die schlesische Kammer jene Summe an das königl. Pfenningmeister-Amt zurück zu erstatten habe. Da dies nicht geschah, wird sie durch dieses Schreiben ermahnt ihrer Pflicht nachzukommen.)
Fol. 145 a.

25. **1564. 13. März. Wien.** An die *Stat Preslaw*, das sy *Vrsula*, weillendt *Jacoben Huebers* nachgelassenen Wittib, zu ires mans verlassenschafft, was ir von recht vnnd billichait zuestett, verhilfflich sein wölle. *Fol. 146 a.*

26. **1564. 13. März. Wien.** An *Churfürsten zu Sachssen*, auf sein Schreiben Andtwort.

„Wir hetten die beanntworttung deiner Lieb an vnns jungstlich gethannen vertraulichen Schreibens vom 25. negstverflossenen Monatts February, so lanng nit eingestellt, wo wir nit zu vleiss der abfertigung diser baider vnnserer Hofdiener Seifrid von Kolonitsch vnnd Gunther von Binaw, mit den khaiserlichen Schreiben an Dennemarckh, Schwedien vnnd Lübeckh erwartten wöllen, inmassen dann dein Lieb auss der Khai. Mt. ann Sie alberait vbersenndte Misif, wol verstannden, das solche auschickhung täglich vor der Hanndt gewest. Dieweil nun Ir Khai. Mt. die benannten baid vnnsere Hofdiener zu richtiger vberliferung derselben Schreiben, auch Solicitirung und Anndtworten darauf, hiemit auf der Post bis gehen Prag, vnnd von dannen auss auf vmbgewechsleten Lehen-Khleppern abgeferttigt, so hat fürs Erst dein Lieb benebens dauon gleichlautende Abschriften vertreulich zu sehen."

„Zum annderen gelanngt auch, emphangenen Befelch nach, im Namen der Khai. Mt. vnnser ganntz freundtlich gesynnen an dein Lieb, es wölle dieselb vnbeschwardt sein diser vorsteenden vnderhandlung, zum besten den mehrbedachten vnnseren baiden Hofdiennern, alle nottwendige anweisung, vnnderricht vnnd befurderung widerfaren zu lassen durch welche ir jeder an das Ortt, dahin er abgefertigt, zum aller richtigsten vnnd schleunigsten fortkhomen, vnnd also mit vberandtworttung ehegedachter khaiserlicher Senndbrief auch Solicirung der darvber zw wartunden beanndtworttungen, vnaufhaltig vnnd so behend das imer möglich, solichs bevelchens aussrichtung ziehen möge. Vnnd wiewoll die Khai. Mt. vnnd vns für gueth angesehen, das

Kolonitsch zu Dennemarckh, Binaw aber zu Suedien sich begeben sollen, so stellen wir doch deiner Lieb mūchtiglich haimb, anordnung zu thun, wölcher aus inen das Schreiben an die von Lübeckh insonnderheit zuestellt, daselbsten vberraichen vnnd alssdann sein fürther dortt oder dahin anschickhen solle, wie sy dann desstwegen von deiner Lieb beschaid zu gewerten vnnd zù emphahen, auch demselben nachtzusetzen befelch haben."

„Damit wir dann vnnd also fúrs dritt, auf vorgemeltet deiner Lieb schreiben khomen, saagen wir derselben anfengelich gannz brůderlichen Dannckh, vmb das jhenig so vnns dein Lieb vertrewlich darvnndter comunicieren wöllen, fürnemblich deiner Lieb Vetters betreffend, Herzog Johannes Frederichen zu Sachsen etc. Darauf dann bey der Khai. Mt. durch vnns dieweilen vnnderpawung geschehen, das nun taglich Irer Mt. schreiben an dein Lieb vnnd die annderen Ire Mitverwandte der Sachssischen Erbainung, Churfürsten vnnd Fürsten etc. aussgeferttigt werden sollen, wo nicht bey diser doch ainer anndern unsaumblich nachuolgenden Posst, vnnd darneben eben dergleichen vnser lieber Schwager vnnd Fürst, der Hertzog zu Jülch erinnert werden solle. Zuversichtlich, es werden dein Lieb mit sambt den anndern, Iren Erbainigungs-Mitverwandte Chur- vnnd Fürsten, die notturfft darvnder dermassen bedenkhen, fürnemen vnnd hanndlen, damit solches ermellten Hertzog Johannes Frederich auffs wenigist zu einer gesunden vnderweisung erspriesslich sein solle."

Verner, betreffend den Deputationtage vnnd die darauf fürlauffenden Handlungen, haben wir nit vnnderlassen, Deiner Lieb also guettherzig anregen vnnd erpietten, der Kbai. Mt. fürlesen zu lassen, welche es dann zu sonders freundtlichen vnnd gnedigen danckhnemigen wolgefallen, von Deiner Lieb vermerckht. So ist Dein Lieb seiner Khai. Mt. enntlicher Resolution hierinnen zuuor mehermalls durch vnns genuegsam verstendigt worden, es gereicht aber dabeneben Irer Khai. Mt. nit weniger alls auch vnns, zu sonnderer Beschwerung vnnd vngefallen, das die sachen daselbst zu Wormbs in ain solche weitleuffige vnd vnuerhoffte irrigkhait gelangen, vnnd sonnderlich das etliche hohes geistlichen Stanndts, sich dermassen so khuel, ju gar widersinnig erzaigen sollten. Daher dann Ir Mt. vnnd wir wenig Hofnung vbrigs haben, das solcher Deputationstag nunmer etwas sonnderlicher fruchtschaffung würckhen vnnd mitbringen möge, vnangesehen des starckh getrewen Beyfalls vnnd guthertziger erzaigung so bey deiner Lieb gesanndten, allem Irer Mt. Intent vnnd verlangen gemess, also stattlich gespürt worden. Vnnd demnach, zumall an Deiner Lieb nichts erwunden, zu befurdern dass zu erbawung gemainer wolfahrt, vnnd guetter fridlich wesens im Reich indert diennstlich sein khönndte vnnd möge. Vnnd ist fürwahr ain vble sach, das alle so heilsamblich aufgerichte Reichs-Gesatz, Constitutionen vnnd ordnungen, so in geringem Ansehen wöllen gehallten werden, weills aber auf dissmal, wie wir grösslich fürchten, nit füeglich zu bessern, so ist wol zu besorgen, es werde, auf dem Weeg der

Suspension ergangenen Macht-Execution-Mandats, vnnd also zu ainer guettlichen vnnderhandlung vnnd vergleichung, souil Grumbach, Stain vnnd Mandelslor betrifft, zuletzt gelangen muessen, dann die bischofflichen Mordthätter auch darein zu ziehen, wäre abscheulich zu hören, wie auch nit zu glauben das ainicher Ehrliehender solches zu befurdern vnnderstehen werde. Es ist aber sonst hierunder dieses noch der beschwarlichst mangl, das Grumbach vnnd sein Anhang biss auf heuttigtag den stanag... (?) mit nichten begee'ren, auch weder vmb gnad noch guettliche vnnderhandlung anrueffen vnnd bitten. Derwegen es dann in diesem Faal noch wol allerlai stattlicher beratschlagung vnnd erwegung dises vmbstandes halben, hoch vonnötten sein wirdet, indem wir zwaar insonnderhait deiner Lieb, alls zu deren wir sonnderlich bruederlich gross vertrawen stellen, vernunftig vnnd freundtlich guethertzig bedenckhen, nit vngern in vnguettem vertrawen versteen möchten."

„Beschliesslich belangend den bewussten schwedischen Buelbrief ynnd des Landtgrauen zu Hessen, in derselben Heuratssachen genommene Resolution vnnd gethane ausfuerliche schrifftliche, enntliche ererlorung, bedannckhen wir vnns gegen deiner Lieb in aller Freundtshafft vnnd gnaden, deren so vertrewlicher vnnd bruederlichen Comunication vnd bleibt solches alles bey vnns wol in allem guetten, vertrewlichen Gehaim. Wir haben aber darauss diejhenige Schwedische aufrichtige Bestendigkheit, dauon deiner Lieb schreiben andeuttung gibt genuegsamblich vermerckhen khonnden, welche auch in ir selbst, mehr zu uerwundern, alls zu loben, darneben mit des Landtgrauen Liebden wol ain Mitleiden zu tragen, das sich dieselben dises faals so lang vmbfueren lassen."

„Solches wollten wir alles deiner Lieb hiemit zum thail erhaischender notturfft vnnd emphangenem Khaiserlichen Befelch nach, vnnd dann auch zu freundtlicher vnnd bruederlicher, genediger wideranndtwort nit verhallten. Vnnd seind deiner Lieb vil freundtlichs, auch bruederlichs gnedigs willens vnnd alles guetts zu erweisen, allbegen zum bessten genaigt. *Fol. 146 b.*

27. **1564. 13. März. Wien.** An *Herrn von Pernstain*, auf sein Schreiben seiner Landtpergischen sachen halb. Anndtwort.

(Pernstein soll ausser Sorge sein, denn Maximilian denkt ihm alle seine Wünsche gnädiglich zu befördern.) *Fol. 149 a.*

28. **1564. 13. März. Wien.** An die *Stat Augspurg*, fursehrifft für *Marthin Straitperger* ime das Burger-Recht zue lassen.

(Da sich Martin Streitperger bei der Post zu Augsburg ehrlich und wohl verhielt, wird sein Ansuchen um das Bürgerrecht von Maximilian unterstützt.)
Fol. 149 b.

29. **1564. 13. März. Wien.** An *Hauptman zu hungerischen Alltenburg* vmb bericht anf der vniversittet allhie vberraichte Supplication.

(Die Supplication wurde dem Rector und dem Consistorium der Universität zu Wien überreicht. Maximilian befiehlt, dass ihm der Hauptmann einen Bericht über die in der Supplik erwähnte „Entleibung" [wessen?] zusende.)

Fol. 150 a.

30. 1564. 14. März. Wien. An die *Landtschafft zu Steyer*, fürbitt für *Ladislao Julaffy*, ime zu einem mitlandtman anzunemen.

(Indem sich Ladislaus Julaffy kais. Hauptmann, zu Tihany ritterlich und tapfer gegen die Türken bewies und in den Kämpfen mit ihnen sein Blut vergoss, unterstützt Maximilian sein Gesuch, um dessen willen er auch an Erzherzog Karl schrieb.) *Fol. 150 b.*

31. 1564. 14. März. Wien. An *Ertzhertzog Carlen*, befürderung für *Lasslaen Julaffy*.

(Zu dem obigen gehörend.) *Fol. 151 b.*

32. 1564. 14. März. Wien. An *Nicolo Lombardo* zu Mailandt das er etliche seidene waaren für Irer Mt. Hofklaidung erkhauffe vnd geen Insprugg, zu handen *Wilhalmen Gienger* vberschickhen wölle.

(N. Lombardo soll, nach einem beigelegten Verzeichniss, die Seidenwaaren ankaufen und nach Innsbruck senden, von wo sie Ulrich Gienger nach Wien befördern werde.)

„Souil dann die khaufsuma vnnd vnkossten belanngt, da hat vnns der edl vnnser lieber getrewer Graf Claudi Trivulcz, vnnserer geliebten Sune Camerer, bei seiner Frau Muetter 40.000 Römisch erhanndlt vnnd richtig gemacht, von demselben wollest, auf beyliegend schreiben souil emphangen alls du zu beruerter Seidenwaar bedörffen würdest. Im Faal aber solche Partida bei ir, der Grauin, noch nicht gar richtig were, so wollest du sonnst in anderen weeg souil alls du bedarffst vmb Interesse aufbringen vnnd vns dessen bei der Post berichten u. s. w. Doch wollest vns nichts desto minder angeregte seidenwaaren von stund an fort schickhen." *Fol. 152 a.*

33. 1564. 15. März. Wien. An *Christoffen Friesinger* zu Anndtorff, das er etliche Tuecher zu Irer Mt. Hofelaidung erkhauffe vnd volgendts herab in Österreich vberschickhen wölle.

(Dem Friesinger wird gleichfalls ein Verzeichniss der gewünschten Tücher zugesendet, die er sogleich über Ulm nach Wien senden soll. Die Kaufsumme, welche „alssbald richtig" gemacht wird, hat er durch die Post einzuschicken.)

Postscript: „Wollest vnns berichten vnnd ein verzaichnuss schickhen, was diser Zeith für geferttigte Tapessereyen, mit was Historien vnnd in was werdt zu Anndtorff vorhanden seyen. *Fol. 152 b.*

34. 1564. 15. März. Wien. An *Wilhalm von Geraden*, der ressl der aussteenden 2000 fl. Rh. Ir Khu. Mt. aufs chist zu erlegen.

(Eine Mahnung, das, schon 1562 zu zahlende Geld, in das k. Pfennigmeister-Amt abzuliefern. *Fol. 153 a.*

35. 1564. 15. März. Wien. An *Ertz-Bischof zu Saltzburg*, auf sein Schreiben, betreffend seinen brueder *Ruedolffen Khuen*. Anndtwort.

Der Erzbischof wünscht seinen Bruder Rudolph Khün von Belasy, königl. Cämmerer und Stallmeister, bei sich zu sehen. Da aber der Oberste Stallmeister von Pernstein und noch mehrere andere Dienstleute eben beurlaubt sind, wird dem Erzbischof bedeutet, dass sein Bruder erst in einiger Zeit abkommen könne. *Fol. 153 b.*

36. 1564. 16. März. Wien. An *Hauptman zu Altenburg*, vmb bericht des Hoffs zu Rackhendorff.

Der königl. „Hardtschier-Furier" Georg Niderlennder, welchem Maximilian für seinen langen und treuen Dienste den Hof zu Rackendorf einantwortete, bat um Beistand gegen die Witwe des Januschen, die diesen Hof nicht abtreten will. Der König verlangt nun genauen Bericht über den Sachverhalt und die Art wie der Niederländer einzusetzen sei.) *Fol. 154 a.*

37. 1564. 16. März. Wien. Pasprief auf *Seifriden von Kholonitsch* vnd *Gunthern von Bina*.

Idem ain Pattent auf Gunthern von Bina zum Khunig zu Schweden.
Fol. 154 b.

38. 1564. 16. März. Wien. An Hans *Georgen Mordaxen*, Dreyssiger zu Windischlandt, das er den hinderstelligen ressl seiner Ambtsraittung Ir Khūn. Mt entrichten vnd dan ain vertzaichnus der Tuecher vnd paargellt, so in seinem Ambt verhanden, vberschicken wölle.

(Derselbe wird ermahnt die in der Rechnung vom J. 1563 angeführten, aber noch nicht ausgeglichenen „1556 fl. Rh. 82 Pfenning hungarisch vnnd ain wienner" an das Pfenningmeister-Amt zu bezahlen. Dann soll er ein Verzeichniss der Tücher und des baaren Geldes einsenden das sich im Amte befindet. Drittens soll er Tücher und Geld nicht mehr in das Kriegs-Zahlmeisteramt, sondern in das Pfenningmeister-Amt überschicken. Endlich soll er dem Peter Vallentin weiter keine Ausflüchte wegen des zu zahlenden Rückstandes gestatten.) *Fol. 155 b.*

39. 1564. 20. März. Wien. Comission auf *Hainrichen Scorny, Hansen Hohenkhircher* vnd *Sigmunden Sprengen*, in der Vitzinischen Pawruhandlung.

„Nachdem vnnser getrewer Lieber Francz Ficzin, auf Merckhenstain etliche Personen in gefenngeliche verwarung ligen hat, so ist vnnser gnedig vnnd ernstlicher Befelch an euch, das Ir euch sambt oder sonderlich, doch zum mehrern thail, auf gedachts Ficzin erfordern vnnd begeern daselbst hin geen Merckhenstain verfuegett, vnnd auf seine Interogatoria vnnd Fragstuckh, die er euch behenndigen, alle die Personen, die er euch fürstellen wirdet, mit vleiss examinieret, alle aussagen vnnd Beckhanndtnussen ordenlich beschreibet, vnnd alssdann vnns durch euch selbst oder dem Ficzin verwarlich zueckhomen lasset, vnnd also die Sachen auf Ficzins erfordern, wo muglich samenthafftig oder doch aufs wenigist zween aus euch vnuerzogenlich verrichtet, auch das alles in hochster gehaim vnnd bester verschweigenheit bei euch behalltet."
Fol. 156 b.

40. **1564. 20. März. Wien.** An *Phleger zu Manners* (dorf?) das er dem mordthätter *Bartlme Faschang* gewiszlich nachstellen vnd woluerwarlich hieher anttworten wolle. *Fol. 157 a.*

41. **1564. 20. März. Wien.** An *Christophen von Greiss* zu Walldt, das er den dreyen *Pleckhenstainern* nachstellen vnd inerhalb vierczehen tagen gewiszlich in das Stattgericht zu Wienn vberandtworten lasse.

(Das Schreiben steht in einiger Beziehung zu der obigen „Ficinischen Pawernhandlung" ohne jedoch etwas Genaueres mitzutheilen.) *Fol. 157 b.*

42. **1564. 20. März. Wien.** An die *schlesisch Camer* das sy *Casparn Löben* järlichen zu ainem Gnadengellt ain hundert taller biss auf Ir Mt. wolgefallen raichen lassen wöllen.

(C. Löben hatte seinen Gnadengehalt bisher aus dem Pfenningmeister-Amt bekommen und soll ihn nunmehr aus dem königl. Deputat des Biergeldes in Schlesien erhalten.) *Fol. 158 b.*

43. **1564. 20. März. Wien.** An *Hauptman zu Triesst* vnd Gradisch, auf *Bernhardin Orso*, Burger zu Triesst, Supplication.

(Der Hauptmann soll Bericht erstatten, und dem „armen Supplicanten" Sicherung und Pass verschaffen, damit er nicht über Gebühr beschwert werde, da er von Seite des Königs gar nicht für strafmässig erkannt wird.) *Fol. 159 a*

44. **1564. 21. März. Wien.** An Marggraf *Georg Fridrichen zu Brandenburg* auf sein gethone Entschuldigung von wegen sein nit erscheinen bey jüngst gehalltnem Fürstentag in Ober vnd NiderSchlesien. Anndtwort. *Fol. 159 b.*

45. **1564. 21. März. Wien.** An *Wentzln Jämnizer* auf sein schrifftliche vbergebene Memorial. Anntwort.

„Erstlich, betreffend vnnser Wappen so dir jüngstlich vbersenndt worden, da hat es nit die Mainung das dasselbig allerdings in der Grösse vnnd mit dem Begrif vnnd Inhallt wie dieselb visier gewesen sein sollte, sonndern du magst es auf vnnser Arbeit machen, wie es die Gelegenhait gibt vnnd die Grösse der Arbeit leiden mag."

„Zum Anndern, als du vermainest, so baldt dir der Resst des Silbers zueckhom, vnnser Arbeit in dreyen Monatten zu uerferttigen, da stellen wir gar khainen Zweifel." u. s. w.

„Zum dritten, lassen wir vnns gnediglich gefallen das zu aller Arbeit Futteral gemacht vnnd damit versorgt werden."

„Zum Vierten, was betrifft die Arbeit mit den Thiern vnnd Schallen, da haben wir dein vermelden von wegen den dreyen khunstlichen Pildthawer, so du oben gebrauchst, zu gnaden vermerckht, darauf wöllest vnns etlich derselben Schallen und Thier zu ersehen herab schicklhen vnnd mittlerweil mit ferrer gennzlicher Aussmachung stillsteen. So wollen wir dir alssdann, was auch vnnser Pildhawer Mathias Manmacher von gemachter Arbait hat, beschaid wissen lassen."

„Beschliesslich haben wir die zwen geschlagenen Phenning auch wol empfangen, vnnd dein begerten Beschaid verstanden, achten aber für vnnodt das du dich desselben halben ferrer bemuhest." etc. *Fol. 160a.*

46. **1564. 21. März. Wien.** An Herrn *Behemischen Cannczler*, das er Ir Mt. berichten wolle der Comission zu Pardowitz.

(Ob nämlich die Commission stattfand und was dabei verhandelt wurde.) *Fol. 161a.*

47. **1564. 22. März. Wien.** Passbrief auf weillendt *Joachimen von Freiburg* Thrun.

(Dass nämlich die Truhe mit den Kleidern u. s. w. des Verstorbenen von Freiburg ungehindert nach Wien gehen könne.) *Fol. 161a.*

48. **1564. 21. März. Wien.** An *Oswaldt von Schönfeldt*, von wegen der Pernstainerischen Schulden.

Es wird ein Bericht über die von dem Pernsteiner herrührenden Schulden verlangt, welche auf der, von Maximilian erkauften Herrschaft Pardowicz haften.) *Fol. 161b.*

49. **1564. 21. März. Wien.** An *Stattrichter zu Wienn* das er *Hansen Vetterle* (Hofbarbier) zu seiner ausstendigen Schuldt bey der *Agnesa Cappenwalderin*, alle gerichtliche fürderliche aussrichtung thuen wölle.

Fol. 162a.

50. **1564. 22. März. Wien.** Schuldtbrief auf *Lamprecht Jennitschitzen* vmb zwaitausendt fl. R. gegen 8 p. Cento.

(Es wird versprochen diese Schuld am 23. September 1564, sammt den Interessen wieder zu bezahlen.) *Fol. 162 b.*

51. **1564. 21. März. Wien.** An *Ertzhertzogen Ferdinanden* vmb bericht, auf *Christoffen von Taxis* supplicieren, betreffendt den *Georg Elbogner.*

(Der röm. k. Hofpostmeister von Taxis supplicirte in Betreff des Gefangenen G. Elbogner, Maximilian wünscht über die Verhältnisse, die nicht weiter angegeben sind, Bericht und Gutachten.) *Fol. 163 a.*

52. **1564. 23. März. Wien.** An *Hertzogen Albrechten* zu Bayrn, fürschrift für *Ludwigen Täxl* ainer erbschafft halben. *Fol. 163 b.*

53. **1564. 23. März. Wien.** An *Ertzhertzogen Ferdinanden* das Sy *Albrechten Köhrn,* der Khun. Mt. Trabant, in seiner zuegestandnen beschwarung daselbst zu Prag die gebur vnd bilichait verordnen wölln.
Fol. 164 a.

54. **1564. 23. März. Wien.** An *Landthauptman ob der Enns*, das er zwischen den gebruedern Herrn *von Zelkhing* vnd seiner freundtschafft guettliche handlung pflegen wölle.

(Da durch den Tod eines der Brüder von Zelking, wegen Schulden u. a. Missverständnisse in der Familie entstanden, so beschloss diese eine Zusammenkunft abzuhalten, um alles zu bereinigen: Maximilian empfiehlt nun dem Landeshauptmann, dieser löblichen Zusammenkunft beizuwohnen und ihre Zwecke zu befördern.) *Fol. 164 a.*

55. **1564. 23. März. Wien.** An *Friderichen von Parckwitz,* auf sein Schreiben. Anndtwort.

(Er wird an die kais. Resolution gewiesen.) *Fol. 165 a.*

60. **1564. 23. März. Wien.** An *Haubtman zu Alltenburg* umb bericht auf des Abbts von *Lebens* vberraichte Supplication.

(Die Supplik wird an den Hauptmann gesendet und Bericht darüber verlangt.) *Fol. 165 a.*

61. **1564. 24. März. Wien.** An *Landesshauptman in Marhern,* das er auf der Stennde bewilligung dasselbst, des viertten Phening ires Erbsilberzins, Ir. Mt. berichten wölle, was an solcher bewilligung beileiffig einkhomen. *Fol. 165 b.*

62. 1564. 24. März. Wien. An *Abbt zu Sandt Ulrich* zu Augspurg, das er *Anna, Eittlhansen von Burgau* elich haussfrawen, zu erlangung ainer schuldt bey *Marquartten Rosenperger* verhilfflich sein wolle.
Fol. 166 a.

63. 1564. 24. März. Wien. An die *Stat Prespurg* das sy *Felixen Schwartzen* (Hoftrabant) gegen seines abgestorbenen Weibes hinderlassnen Erben die billichait verhelffe. *Fol. 166 b.*

64. 1564. 24. März. Wien. An *Don Francisco Lasso*, der Römischen Khunigin Obersten Hofmaister, von wegen der Losement zu der Newstatt.

„Wir haben hiemit vnnsern Hoffurier J h e r o m i a s Z u r l e r in die Neustadt abgeferttigt, vnnd befolhen das er für vnnser Hofgesindt die Losament vnnd Herbergen daselbst verfahen vnnd einnemen sollte, derweg ist vnnsor gnedig Befelch an dich, das du darob seyest vnnd verfuegest, damit alle Häuser darinnen zuuor vnnser Hofgesindt gelegen, von stund an widerumb eingeraumbt vnnd angeregtem Zurler in vnnser Quartier an alle Irrung vberlifert werden." *Fol. 167 a.*

65. 1564. 25. März. Wien. Passbrief auf *Nicola Constantino de Cipro*, nach Augspurg, volgendts darnach anhaimbs nach Andtorf.

De Cipro, welcher in des Rodiserordens Dienst, durch die Türken eine Hand verlor, wünscht nach Augsburg und dann nach Antwerpen zu reisen, und bat um diesen Pass, denn man ihm „auf fürgebrachte Khundtschafft, von dem Gross-Maister zu der Maltha nit abschlagen" konnte. *Fol. 167 b.*

66. 1564. 25. März. Wien. An die *Tyrolisch Regierung* vnd Camer wegen des *Graf Casparn von Lodran* Penssion.

„Welchermassen die röm. Khai. Mt. vnnser geliebter Herr vnnd Vatter den Edlen vnnsern lieben getreuen Casparn Grauen zu Lodran, vnnsern Stablmaister, zu ergeczlichkait seiner langwirigen gehorsamen vnnd getrewen Diennste mit jarlichen 400 fl. R. biss zu der ablösung mit vier tausendt fl. R. aus dem Zoll zu Rofreidt allergnedigist begabt vnnd verschrieben, dass habt ir etc. zu uernemen."

(Der König wünscht, dass alle „Difficultet" beseitigt werde, damit die Röm. Khai. Mt. und er selbst nicht weiter „importuniert" würde.)
Fol. 168 a.

67. 1564. 27. März. Wien. An *Wilhalm Gienger*, Tyrolisch Camer-Rath, von wegen des *Grauen von Lodran* Penssion.

(In derselben Angelegenheit.) *Fol. 168 b.*

68. 1564. 27. März. Wien. An *Burggrauen zu Meissen*, auf sein Schreiben Anndtwort.

(Der Burggraf wünschte ein Pferd, da sich aber kein solches vorfindet, das dem gemachten Begehren entspräche, kann dem Wunsch nicht willfahren werden.) *Fol. 168 b.*

69. 1564. 30. März. Wien. An Herrn *Georgen von Oppersdorff* das er in der Khü. Mt. Namen auf's *Paulln von Petrowicz* hochzeittlich freuden erscheinen wölle.

(Die Hochzeit sollte am 16. April zu Ratibor stattfinden. Am Schlusse des Schreibens heisst es:)

„Vnnd (du hast) das Trinckgeschirr so dir die Schlesische Camer auf dein begeren zuestellen vnnd vberlifern wirdet, der Praut in vnnserem Namen presentiren vnnd vereren, alls du zu thun wirdest wissen." *Fol. 169 b.*

70. 1564. 27. März. Wien. An die *Schlesisch Camer* das sy ain Trinckhgeschier bey 100 fl. Rh. erkhauffen vnd dem *Herrn von Opperstorff* auf *Paulsen von Petrowicz* hochzeit zuestellen lassen.

„Nachdem wir den Wolgebornen etc. Georgen von Opersdorff, Freyherrn zu Aich, Röm. Khai. Mt. Rath vnnd Haubtman im Fürstenthumb Ratibor, zu des Gestreng vnnseren lieben getrewen Paulsen von Pettrowicz, sonnst Charwäth genanndt, hochzeitliche Freyd an vnnserer Stadt verordnet vnnd fürgenomen, so ist vnnser gnedigs Begeern an ewch, das ir verordnung thuet, damit ain Trinckhgeschirr von hundert fl. Römisch werdt erkhaufft vnnd beruertten von Oppersdorff (u. s. w.) zuestellen vnnd vberliefern lasset, vnnd dann solche Aussgab an dem ersten Quartal vnnseres Deputats des Schlesischen Piergellts widerumb abziehet." etc. *Fol. 170 a.*

71. 1564. 30. März. Wien. An *Martin von Piemondt*, Andtwort, vnd das Ir. Mt. den *Herrn von Wolckhenstain* auf sein Hochtzeit verordnen.

(M. v. Piemont lud den König zu seiner Hochzeit ein und dieser bestimmte den Herrn Caspar von Wolkenstein zu seinem Stellvertreter bei diesem Feste.)
Fol. 170 b.

72. 1564. 30. März. Wien. An Herrn *Casparn von Wolckhenstain*, das er in Irer Mt. Namen auf des *Marthin von Poymund* hochczeit erscheine.

(Die Hochzeit soll am 22. Mai 1564 zu Innsbruck abgehalten werden. Am Schlusse heisst es wieder:)

„Darneben (sollst du) auch das Trinkhgeschirr so dir auch von vnnsern getrewen lieben Wilhalmen Giennger, der Rö. Khai. Mt. Tyrollischer Camerrath, vberandtwort wirdet, der Junckhfraw Prautt in vnnseren Namen presentiren" etc. *Fol. 171 a.*

73. **1564. 30. März. Wien.** An *Wilhalm Gienger* das er ain Trinckhgeschier p. 100 fl. R. werdt erkhaufft vnd dem von *Wolckhenstain* auf des von *Piemondt* hochzeit zu uereren, zuestellen.

(Zu obigem. Die 100 fl. Rh. sollen aus dem Tirolischen Lederzoll genommen und später wieder zurückerstattet werden.) *Fol. 171 b.*

74. **1564. 30. März. Wien.** An Herrn *Behemischen Canczler* auf sein Schreiben von 10. Martii. Anndtwort.

(Der Empfang des Schreibens wird bestätigt, dann heisst es:)

„Lassen vnns die erforderung vnnseres Ober-einnemers im Behem, J a c o - b e n K h a c z, was du auch mit W e n c z l n H a u g w i c z von Leitomischl geredt vnnd bey im verlassen, gannez gnediglich wolgefallen." *Fol. 172 a.*

75. **1564. 30. März. Wien.** An die *Statt Regenspurg*, Damit Sy der Khü. Mt. Hardtschier *Christoffen Linckhen* in seinen strittigen Sachen so er daselbst haben möchte, fürderliche aussrichtung zu verschaffen.
Fol. 172 b.

76. **1564. 30. März. Wien.** An *Hauptman zu hungerischen Alltenburg*, vmb bericht des Puxenmaisters-Placz halben, daselbst.

(A l b r e c h t H ö r l supplicirte um die Büchsenmeister-Stelle zu ung. Altenburg, und der Hauptmann soll berichten ob diese Stelle erledigt sei.)
Fol. 173 a.

77. **1564. 30. März. Wien.** An *Hauptman zu hungerischen Alltenburg*, das er dem *Ileschi Ferenczen*, Richter zu Pallesdorf, die gebür vnd billichait verschaffen wölle. *Fol. 173 b.*

78. **1564. 30. März. Wien.** Der Khüi. Mt. *Resolution* auf des Stattrichters allhie vberraichte verzaichnuss der gefangenen Vblthälter, so jeezt bey dem Stattgericht verhanden.

„Erstlich, was die eingebrachte Personen betrifft, so irer beschuldigten Verbrechungen halb in puncto purgationis steen, die sollen zu solcher Purgation zugelassen und daran nit verhindert werden. Im Faal aber sy dieselb nicht zu genuegen aussfüerten, sonndan vom Leben zum Todt vervrthaillt werden."

„Dessgleichen da auch anndere mehr vorhannden, deren verprechung so hoch, das sy vermuettlich das Leben verwürckht, vnnd gleichwoll noch nicht vervrthaillt wären, gegen dieselben soll mit Vrtl vnnd Recht schleinig fürgeschritten, doch die Execution an den allen eingestellt, vnnd die Thäter biss zu ferneren Irer Khu. Mt. beschaid, verwarlich aufgehalten werden."

„Welches dann auch auf alle die, so allberait vom Leben zum Todt erckhandt zu uerstenn sein solle."

„Von wegen Florian Friczlmairs. Weil der aus Irer Khu. Mt. Befelch alls ain Wildpredtschütz einckhomen, mag Stattrichter bei dem Obersten Jägermaister vmb Resolution sollicitiern lassen."

„Des Ficzins vnnderthan, Hanns Geyer soll weitter in guetter Verwarung bleiben."

Wegen Julio Caesars, alls ains „khundtschaffters, mag Stattrichter bey dem Khay. Khriegs-Rath vmb beschnid anhallten.

Was dann ferner für Manns vnnd Weibs Personen zur Straff des Prangers, Schilling vnnd Statt auch Landverweisung allberait erkhanndt, dabey lassen es die Rö. Khu. Mt. bleiben, vnnd wirdt Stattrichter darvnder zu rechter Zeit vnnd wol zu uerfuegen wüssen, was im von Ambts wegen gebuert.

Dergleichen soll es auch mit denen vblthätern, so an die streng Frag erkhanndt, gehalten, gegen denselben, wie Recht ist weiter procediern auch die Vrtl verfasst, aber die Execution, als oben steet, so lanng biess Ir Mt. aller sachen erinnert, eingestellt werden. *Fol. 173b.*

Nachträge zum Monat März.

79. **1564. 7. März. Wien.** An die *Hertzogin von Lotringen*, auf derselben Schreibung Irer Erbthaillung betreffendt. Anndtwort.

(Bestättigung des erhaltenen Schreibens vom 10. Februar 1564 und Antrag zu einer Commission, durch welche die Erbstreitigkeiten zwischen der Herzogin und ihrer Schwester, der Pfalzgräfin (Churfürstin-Wittib) beigelegt werden sollen.) *Fol. 174b.*

80. **1564. 7. März. Wien.** An die *Phaltzgrauin Churfürstin Wittib*, betreffend die schwebenden Irrungen vnd miszuerstandt zwischen Ir vnd der *Herczogin von Lottringen*, Irer Erbthail halben.

(Dieselbe Angelegenheit und der gleiche Antrag.) *Fol. 175b.*

81. **1564. 1. April. Wien.** Schuldtuerschreibung auf Herrn *Alexi Turcžo* per 8 tausendt gulden Reinisch gegen siben von jedem Hundert verzinsung.

„Bekhennen u. s. w. das wir dem Edlen vnnserm lieben getrewen Alexien Turczo von Betlehemsdorff, vnnserm Fürschneider 8000 fl. R. recht vnd redlich schuldig worden sein" etc. *Fol. 178a.*

82. Item ain solche Schuldverschreibung auf Herrn *Jheronimusen Turczo*, auch vmb Acht Tausendt gulden Reinisch. *Fol. 179a.*

83. **1564. 1. April. Wien.** An Herrn *Niclasen von Warnstorff*, das er sich der commission geen Rostockh gebrauchen lassen wolle.

„Gestrenger etc."

„Nachdem sich dann zwischen den Durchleuchtigen Fürsten, Herrn Friderichen dem Anndern, Khunigen zu Dennemarckh an ainen, vnnd

Herrn Erichen Khunigen zu Schweden annndersthaills, Beiden vnsern lieben Oheimen vnd Bruedern, ain zeithero beschwarliche Kbriegsvbung erhalten, daraus zu mal nit allain Irer baiden Khunig Reich, Laonden vnd Leutten, sonndern auch dem heilligen Reich vnd insunderheit etlich desselben anstossenden genachpartten Stennden nitt geringe beschwarung, schaden vnd verderblicher vnratt, so der Khrieg auf ime tregt, zu beferen vnnd gewarten, so haben die Rö. Khay. Mt. vnnser geliebter Herr vnnd Vatter vnnd wir, vns mit einander verglichen, aus friedliebenndem gemueth, vnd sonnderlicher guetter Zuenaigung, freundtschafft vnd nachparshafft, so Ir Khay. Mt. vnd wir zu obgemelten baiden Khunigen tragen, selbst in die Sachen zu schlagen, vnnd durch Irer Khay. Mt. vnnd vnnsere stattliche vnd anschennliche Pottschaft vnd Comissarien sambt vnnd neben dennen hieuorigen vnnderhandlungs Chur- vnd Fürsten, guettliche Hanndlung zu vnndernemen, auch darauf den Placz so solchem Werckh geen Rostockh, vnnd die Zeit zu der einkhomfft, auf Montag in den heilligen Phingsttag schierist khonnfftig so den 22. May sein wirdet, für ganncz bequem vnnd gelegen angesehen, vnnd solches also wolgedachten baiden Khunigen, durch vnnsern baiderseits aigene Gesandte zugeschriben vnnd verkhundt. Demnoch (u. s. w.) wollen wir Dich sambt vnnd neben dem Wolgebornen etc. Hainreichen von Walstain . . . . . zu vnnsern Khueniglichen Commissarien vnnd Gesanndten . . . . erkhiesst vnd erwellt haben. etc. etc. *Fol. 179 a.*

84. An Herrn *Hainrichen von Walstain*. Idem.
(Schreiben desselben Inhalts wie das vorige.) *Fol. 180 a.*

85. 1564. 1. April. **Wien.** Dienstbrief *Bartholome Botsch* zu Awr, Thumbherr zu Trienndt.
(Weil Botsch, so wie seine Vorältern und Brüder so vorzügliche Dienste leisteten, wird er zum Hofdiener ernannt, dem zufolge er)
„sich aller vnnd jeder Eere, wirde, Vorttl, Recht vnnd gerechtigkait gebrauchen vnnd geniessen soll vnnd mag, deren sich annder vnnsere wurckhliche Hofdiener, seines gleichen freyen, gebrauchen vnd geniessen, von Recht oder gewonhait, von allermänniglich vnuerhindert. Dagegen soll ernennter Botsch seinem Possten verstanndt vnnd vermögen nach vnnsern nutz vnnd frumen, an allen Ortten fürdern, schaden vnnd nachthail wenden vnnd warnen, auch die Gehaim so zu Zeitten von vnns an ime gelangen bis in sein grueben verschweigen vnnd sonnst alles das thun vnnd lassen, so einem getrewen Diener seinem Herrn zu thun schuldig ist." *Fol. 181 a.*

86. 1564. 2. April. **Wien.** An Herrn *Behemischen Canncjler*, umb bericht des *Sigmunden Luzeckh* Guetts halb.

„Was Sigmund Luzeckh von wegen der Verkhauffung seines Guetts Boruhradekh jetzt widerumb an vnns gelanngen lassen, das hasst du beyligenndts zu uernemen. Vnd ist darauf vnnser gnediges Begeeren an dich, das du vnns hierüber deinen Bericht, Rath vnnd Guettbedunckhen fürderlich zukhomen lassest etc. *Fol. 182 a.*

87. 1564. 2. April. Wien. An die *schlesische Camer*. Anndtwort vnd das sy Irer Mt. gefell des Piergroschen on lenngern verzug zusamen richten vnd herauss schickhen.

„Gestreng etc. Wir haben Ewr Schreiben vnnd daneben die zwainzig Tausendt gulden Reinisch (welche wir jungstlich zu Prag zu uergnuegung vnnseres vnnd des Reichs lieb. getr. Wolffen Pallers dargeliehen) emphangen" etc.

(Vom „doppelten Biergroschen" ist ein Quartal fällig und daher einzusenden, es soll aber noch vor Georgi ankommen.) *Fol. 182 a.*

88. 1564. 2. April. Wien. An *Hauptman* zu hungerisch Alltenburg, vmb bericht, der zehendt halben bey Alltenburg. *Fol. 182 b.*

89. 1564. 3. April. Wien. Schadlosbrief auf die *Landtschafft in Österreich vnnder der Enns*, gegen *Eberhard Rauber*, vmb vierzehen tausendt gulden Reinisch.

(Die Verordneten des Landes u. d. Enns verpflichten sich, als Selbstschuldner für jene 14.000 fl. Rhein., welche Maximilian von Eberhard Rauber zu Plankenstein auf Petronell, zu leihen nahm.) *Fol. 183 b.*

90. 1564. 6. April. Wien. An *Herrn von Harrach*, Obersten Hoffmaister, um bericht der ihenig Personen so zu aufnemung des *Haubtmans* zu Alltenburg vnd *Pettern Hallers* Raittung, item der einandtworttung halben jeeziges Phenigmaisters zu gebrauchen sein möchten.

„Vnns hat gleichwoll zu vnser Ankhomfft allher vnnser Secretary C a s p a r L i n d e g g zu Lisüna, deinen ime gegebenen Beschaid . . . von wegen aufnemung des Huuhtmans zu hung. Alltenburgs, vnnd dann auch weillandt Petter Haller's Raittungen, item das Inventar vnd vberanndtwortumg, halben vnsers jeczigen Pheningmaisters gehorsamblich erinnert."

„Dieweil wir uns aber der Personen so wir vnns mit dir . . . . . verglichen nichtenntlich zu erinnern wissen, so ist vnser gned. begeeren an dich, dass du vnns solches nochmals berichtest" etc. *Fol. 184 a.*

91. 1564. 6. April. Wien. An *Bischoff zu Passaw*, beförderung für *Balthasar Bayrn*, damit er das Burgerrecht zu Passaw widerumb bekhomen möge. *Fol. 184 b.*

92. 1564. 6. April. Wien. Comission auf *Eliasen Kottwitz* vnd *Hainrichen Scorny*, zwischen denen *von Guntz* vnd *Janussen*, *Cramer* (wegen der) ime der genomnen zwelff ochssen.

(Maximilian räth zum Vergleich der Partheien.) *Fol. 185 a.*

93. 1564. 8. April. Wien. An *Hertzog Christoffen von Wirttemberg*, auf sein schreiben, sambt den uberschickhten zeittungen vnd zwaien tractättl vom Concilio, auch zwaien Puechl de Coena Domini. Anndtwort.

(Zuerst Bestätigung und Dank für das Eingesendete. Von dem Tractättl über das Consilium, wünscht Maximilian, „wenn es inns latein gebracht noch etliche Exemplarien". Dann folgt die Stelle:)

„Wir haben gleichwoll deiner Lieb vorigen ausfuerlichen vnnd wolbegrundten Discurs (etc.) nit allein für vnns selbst gern gelesen, sonnder auch etlicher darinnen begriffener statlicher erinnerungen etc. . . . zu guettem thaill der Khay. Mt. in beysein deren gehaimen Rath fürlesen lassen. Allda dann auch nit alls hat khunnen verworfen werden. Es hat auch solches, neben anderen vnnsern teglichen Vermainugen vnd vnderpawungen dahin gewendt, das Ir Khay. Mt. solchen Mittl nachgedenckhen, dadurch, vnverhindert des Concilii Beschluss die beengstigten Confidenten [1]) in disen Landen verhoffentlich baldt etwas meren trost vnd erleichterung (des) tragenden Bezwanngs, durch Irer Khai. Mt. selbst Auctoritet vnnd anordnung empfahen werden. Biss der Allmechtig Gott zu anderer Zeit weitter vnd merer Gnad verleihen khann."

„Wir versehen vnns auch, es solle dardurch so vil guetts anfanngs vnnd vorbildts gewürckht werden khunnen, dass man vermittelst göttlichen Segens, an andern Ortten im Reich, allda das Volckh in gleichem obligen schwebt, zu der nachuolg vrsach schöpffn vnnd also zu ainzig das Reich Gottes, je lenger je mer erpawet werden möge."

„Dieweil wir dann spüren mit was sonnderen christlichen Eyfers dein Lieb diesen ganzen Handl gemainen, vnnd da wir dein Lieb gegen so uilfelltig mittailung ains oder annders, in Religionssachen etwas widerbezallung thuen, so vbersenden wir deiner Lieb hiemit ainen römischen Abdruckh von allen Decretten des Triedenntischen Concilii, nicht darumb, dass dein Lieb grossen Trost oder Pesserung darauss zu fahen, sonndern dass dein Lieb vnnd derselben tröffenliche Gelerte sich darinnen ersehen, vnnd aller verlauffenhait desto merer vnnd eigentlicher Wissenschafft emphahen mögen."

Fol. 186 a.

---

[1]) Der Abschreiber der Briefe, der vermuthlich wenig Latein verstand, schrieb hier: Confientien.

94. **1564. 8. April. Wien.** An *Niclasen von Warnstorff.* Anndtwort auf sein Schreiben.

(Es wird ihm versprochen zu gehöriger Zeit seiner Sache, die aber nicht näher bezeichnet ist, zu gedenken.) *Fol. 187 b.*

95. **1564. 9. April. Wien.** An Herrn *Leonharten von Harrach,* Obersten Hoffmaister, vmb ain rattlich guetbedunckhen auf des Herrn Behemischen Canuczlers schreiben wegen der Piergroschen in Behem.

(Maximilian übersendet hierbei ein Schreiben Joachims, Herrn von Neuhaus, Obersten Kanzler der bömischen Krone, worin dieser wegen des Biergeldes in Böhmen und der dortigen Krönungssteuer sein Gutdünken angibt, und verlangt Harrach's Meinung hierüber; ferner liegt ein Schreiben des Hauptmannes von ung.-Altenburg bei, in welchem das Aufgebot berührt wird. Es heisst hievon:)

„Souil nun den ersten Artiggl von wegen des Aufpotts im fall der nott belanngt, da achten wir, das man sich dem Raggusischen Rakos (hung. Landtagsschluss) nach verhallten werden muesse." etc.

(Wegen der Büchsenmeisterstelle zu Altenburg wird erwähnt, dass die Stelle wegen der geringen Besoldung, am besten leer bleibe.)

Fol. 188 a.

96. **1564. 9. April. Wien.** An die *schlesisch Camer,* das sy Irer Mt. Gefell des Piergroschen alher ferttigen.

(Ermahnung, die zu Georgi einzuliefernden Biergroschen (s. S.) sicher an den königl. Hof zu senden und nicht zu zögern. Dann wird daran erinnert, dass die Kammer den Auftrag erhielt, dem Georg Reichenpach seine, dem König geliehenen, 4000 Thaler zu entrichten, sobald jener sein Geld nicht mehr still liegen lassen wolle. Auch hierzu sollen die Biergroschen verwendet werden.) *Fol. 188 b.*

97. **1464. 11. April. Wien.** An Herrn *Landshaubtman zu Marhern,* vmb einbringung des bewilligten Piergroschen vnnd Silberzinsz.

(Die Stände Mährens hatten Maximilian auf dem letzten, zu Olmütz gehaltenen Landtag, den Biergroschen und „alls iren angeenden Khunig vnnd Herrn zu einer Eerung, den halben thail irer Silberzinss gehorsamblich bewilligt", welche Steuern nunmehr wegen „vnuermeidlicher Notturfft" eingehoben werden sollen.) *Fol. 189 b.*

98. **1564. 11. April. Wien.** An des *Churfürsten zu Sachssen Plattner.* Anndtwort auf sein Schreiben wegen des Khuress vnd Rennczeugs.

„Wir haben dein Schreiben von wegen des Khuress vnnd Rennzeugs, den du für uns gemacht emphangen, vnnd Inhallts vernomen, schickhen dir darauf, deinem begeeren nach, zehn hungarisch Gulden in Gold vnnd vierzig Taller, die wirst du also von denen Potten emphahen. Das wir dir aber vnser wammes eines schickhen sollten, achten wir für vnnodt, dann auch dieselbe Prob oft fellen thuet, sonndern stellen in khainen zweiffel, du werdest dem Sachen sonst recht zu thun wissen." etc. *Fol. 190 a.*

99. **1564. II. April. Wien.** An *Haubtman* zu *Alltenburg* das er den Hispanischen Pottschaffter die bevestigung daselbst besichtigen, vnd sonst allen guetten willen beweisen wölle.

(Da der Botschafter des Königs von Spanien nach Raab und Komorn reisen will, soll ihm auch zu Altenburg alles gezeigt und gewiesen werden.)
Fol. 190 b.

100. **1564. 19. April. Wien.** An *Lanndtshaubtman* vnd Viczdomb *ob der Enns*, vmb bericht von wegen der Maleficz-Personen so zu Österreich ob der Enns allenthalben einkhomen.

(Eine Anzahl jener Leute soll auf die Galeeren geschickt werden.)
Fol. 204 a.

101. **Ohne Datum.** An *Hilmarn von Schlanowitz* auf sein Schreiben, betreffendt seinen Sohn, so er mit funff Pherden in Dienst gegen dem Türckh angenomen, seiner entschuldigung halb, Anndtwort.
Fol. 204 b.

102. **1564. 21. April. Wien.** Beuelch an *Hannsen Hager*, dem vicinischen Mordtätter, *Leopolden Rueschen*, nach zu trachten vnd uerwarlich einziehen. *Fol. 211 a.*

103. **1564. 21. April. Wien.** Passbrief auf der Khun. Mt. Wein, von Vlm auf dem Thunastrom herab geen Wien.

(Nämlich für vier Fass „Gennssfuesser vom Rein" und etliche Fass vom Nekar.) *Fol. 212 a.*

104. **1564. 22. April. Wien.** Credentzschreiben an den *Abbt zu Vessn*(??) auf (den) *Probsten zu Prin*.

(Wilhelm Prosinoschi, Probst zu Brünn und Leitmeritz, wird an den Abt gesendet und diesem bedeutet, er möge jenem in allen Dingen die er ihm mittheile, Glauben schenken.) *Fol. 212 b.*

105. **1564. 23. April. Wien.** An *Herrn von Harrach*, Obersten Hoffmaister, das er auf *Nicola Lombardo* von Mailandt vnd *Christoffen Freisingers* von Andtorff schreiben vnd bericht der bestellten seiden warn, sein rathlichs guett bedunnkhen zueschreibe. *Fol. 213 a.*

106. 1564. 24. April. Wien. Schuldtuerschreibung *Christoffenn Lampl* zu Prugkh an der Muer, vmb sechs tausendt Gulden gegen aufkhundung vnnd acht per cento.

„Wir etc. thun khundt, dass wir vnnseren lieb. getr. Christoffen Lampl von Prugg an der Muer etc. 6000 fl. Rh. die er vnns zu vnnsern notturfftigen aussgaben, gegen acht von jedem hundert verzinsung etc. schuldig worden seyn." *Fol. 215 b.*

107. 1564. 24. April. Wien. An Herrn *Leonharden von Keutschach*, mit vberschickhung des Interesse seiner dargelihnen haubt Sumen.

(Die zu Georgi fälligen Interessen werden übersendet, die Hauptsumme ist aber nicht angeführt.) *Fol. 216 a.*

108. 1569. 24. April. Wien. Passbrief auf zwen Hardschier vnd ain Tragcsl zu Khärndten.

(Die in königl. Geschäften in das „Fürstenthum Khärndten" geschickt werden. Was sie zu überbringen haben, ist nicht angegeben.)

Fol. 216 b.

109. 1569. 24. April. Wien. An *Obersten zu Comorn*, das er das Schreiben an *Bascha von Offen* von stund an hinabschickhe.

Fol. 216 b.

110. 1569. 26. April. Wien. An *Herrn von Harrach*, damit er sein ratlich guettbedunckhen auf des *Ficins* gegenbericht vnd einred (gegen) seiner entwichnen vnnderthonen aussag, der Khu. Mt. zukhomen lasse.

Fol. 217 a.

111. 1564. 26. April. Wien. An *Bischoff Johan von Osnabrug*, Furschrift für die von *Bissendorff* geschwistern.

„Unns haben etc. Margaretha des Baren vnnd Hulle von Russt, Geschwister von Bissendorff, hierbei verwartte Supplicationschrift" etc. übersendet und um Fürbitte nachgesucht. Wir ersuchen demnach „dein Andacht" ihnen gegen ihren Schwager zu dem Ihrigen zu verhelfen etc.

Fol. 217 b.

112. 1564. 26. April. Wien. Fürschrifft an die *Statt Augsburg*, für *Sebastian Schregl*, ine zu diennsten anzunemen. *Fol. 218 a.*

113. 1564. 27. April. Wien. An *Bischoff zu Presslaw*, betreffendt die verledigte Pharr im Dorff Brusaw genandt.

Es wird der **Magister Joachim Specht**, der sowohl vom **Herzog August von Sachsen** als von der Stadt Grossglogau durch Sendschreiben anempfohlen wurde, zum Pfarrer für jenes Dorf vorgeschlagen. *Fol. 218 b.*

114. 1564. 27. April. Wien. An *Bischoff zu Presslaw*, *Hannsen von Oppersdorff*, (dass er) verhilflich erscheine, damit bey den *Rembslern*, dem Confirmiertten vertrag nachgelebt werde.

Wess sich wohlgeb. etc. Hanns von Oppersdorf, Freyherr auf Aich vnd Friedstain, wider die Rembschler geschwisterten (beklagt), dass dieselben ir Legata vermug des aufgerichten vnd durch vnns confirmierten Vertrags nit annemen vnnd Im quittiren haben wöllen" etc. etc.

(Das soll der Bischoff als Oberhauptmann abhandeln und schliessen helfen.) *Fol. 219 b.*

115. 1564. 27. April. Wien. Forderbrief an *Isacen von Seidlicz*.

Nachdem die Röm. Khay. Mt. etc. auf Montag nach Trinitatis im Erzherzogthumb Österreich ob der Enns, zu vnnserer einweisung vnd aufnemung der Erbhuldigung, einen gemainen Landtag aussgeschrieben, vnd geen Lincz angesagt, derhalben wir deiner Person wie auch der anndern abwesenden Hofdiener bedörfftig, so ist vnnser genedig Befelch an dich ergangen, das du deine sachen anhaimbs dahin richtest, damit du gewisslich in der Wochen vor den heiligen Phingsten allhie bei vnns erscheinen vnnd solcher Raiss, wie sich gepuertt ausswartten mugest etc.

In simili: An denen von Dona,
Johan von Wartemberg,
Hainrich von Schleinitz,
Herzog Carl von Munsterberg,
Oskerowsky,
Der von Leobrickh,
Der von Tschernohor,
Der von Tscheratin,
Steffan Humanny,
Georg Valenskhy,
Spiegl.   *Fol. 220 a.*

116. 1564. 27. April. Wien. Passbrief auf ain antzal Neckherwein fur Irer Mt. aigne Hofhaltung.

(Anton Schwarzmann, Schiffmann von Ulm, bringt diesen Wein auf der Donau). *Fol. 221 a.*

117. 1564. 28. April. Wien. An Herrn *Hannss Jacoben*, auch *Hansen* vnd *Marxen den Fuggern*, gebruedern vnd vettern, wegen der Suma gellts, so Ir. Khai. Mt. gelihen, weitter in dem vorigen Interesse ligen zu lassen.

(Dreissigtausend Gulden Rheinisch, welche von den Fuggern entlehnt waren sollten, am 1. Juli 1564 zurückgezahlt werden, da aber „in denen Gellthandlungen" allerlei hinderungen vorgingen, so „dürfte es nicht möglich sein jene Summe bis 1. Juli beizuschaffen", es wird daher ersucht, die Fugger möchten noch ein ganzes oder ein halbes Jahr Geduld haben.) *Fol. 221 b.*

118. **1564. 28. April. Wien.** An *Wilhalm Gienger* das er den Rest so vom Lederzoll zu Tyroll im 63 Jar verbliben, alheer verordnen solle.
Fol. 222 a.

119. **1564. 28. April. Wien.** An *Nicola Lombardo*, betreffendt den *Pettern Vallentin*.

„Nachdem ainer, mit Namen Petter Vallentin, welcher sich sonst in vnnseren Fürstenthumb Steyer in der Staat Pothaw (Pettau) mit Burgerrecht vnnd hanndtierung niedergericht vnnd enthalten, diser Zeit zu Bergamo, allda er gepürttig vnd befreundet sein solle: so ist vnnser gesynnen vnd begeern darnach, du wollest dich seines thuens, wesens vnd vermugens, wann er auch widerumb in das Fürstenthumb Steyr zueruckhern vorhabens, in der still vnnd gehaim aigentlich erkhundigen vnnd vnns vnuerzoglich berichten" etc.
Fol. 222 b.

120. **1564. 28. April. Wien.** Passbrief für *Agnesen Capenwalderin*, ir Schafflwerch in Hungern fueren zu lassen. *Fol. 323 a.*

121. **1564. 28. April. Wien.** An *Haubtman zu Alltenburg*, auf sein Schreiben vom 12. dito, Anndtwort.

„Erstlich souil die Zehendt in vnnserer Herrschafft hungarischen Alltenburg belangt, dieweil an den Khassen ohnedas mangel erscheindt, so sein wir bedacht die Beserung (Besserung) derselben diess Jars einzustellen, derweg vnnodt das du dich in ainiche Handlung ainlassest, vnnd wollen aber in khurzem etliche Pawverstendige hinab verordnen, vnd nit allain wie die allten gepessert vnd zuegericht, sondern auch new Cästen gemacht werden mugen, besichtigen vnnd beratschlagen lassen, damit wir auffs khünfftig, den Abgang vnnd mangel, so vnns bisher an Schüttung des Getraids zugestanden, erstattet werden mugen etc. Ferner so übersenden wir dir ain schreiben an Pallffy Petter, von wegen der Ochssen vnnd Fassel Wein, so er vnserer armen Vnnderthannen einen, genomen haben solle" etc. *Fol. 223 b.*

122. **1564. 28. April. Wien.** An *Andreesen Wolfen* Camerer zu Regenspurg, das er das pier so ime vom *Churfürsten zu Sachssen* vheranndtwort wierdt, fuederlich vnd wol bewarth alher schickhe. *Fol. 224 b.*

123. 1564. 28. April. Wien. Passbrief für ettliche Stuckh allerlai Sachssisches Pier für Irer Mt. von Regenspurg aus alher zu fuern. (Gehört zu dem vorigen Gegenstand.) *Fol. 225 a.*

124. 1564. 28. April. Wien. Passbrief auf acht Khüeffen Salcz, die Ir Mt. geen Alltenburg schickhen. *Fol. 225 b.*

125. 1564. 29. April. Wien. Ratschlag an die *Nieder-Österreichisch Regierung* per *Grauen von Loudran* contra *Poldrixer*.

(Poldritzer, der das Urbar-Register des Grafen zu dessen Schaden, nicht herausgeben will, soll zwei Tage nach Empfang dieses Decrets, alle Urbar-Register Loudrans zurückstellen. *Fol. 226 a.*

126. 1564. 29. April. Wien. Rattschlag auf der *Frawen von Hoys* suppliciern contra *Andrean von Neidegg*.

(Aneiferung den Prozess rascher weiter zu führen.) *Fol. 226 b.*

127. Auf *Eliasen Seilln*, Pharrer zu Stacz, suppliciern.

(Das Schreiben so wie das Datum fehlen.) *Fol. 226 b.*

128. 1564. 30. April. Wien. An *Marggraff Friderich*, Fürschrifft für *Mathes Fleischman*, ine zu diennsten anzunemen.

„Nachdem vnns vnnser Hof-Canczley-Schreiber Petter Fleischman gehorsamblich zu erkhennen gegeben, wölchermassen sein Brueder Mathes Fleischman, bei deiner Lieb Vettern, Marggraven Albrechten zu Brandenburg, ettliche Jar in allem seinem Khriegswesen nit mit weniger Gefahr seines Leibs vnnd Lebens, sambt Darstreckhung vnd einpiessung des seinigen gediendt, wie dann zum thaill Ewer Lieb Rath. Bartholome Härttung, vnnd andere derselben Diener mehr, seines vorhalltens vnnd dienens gueth wissen haben sollte u. s. w. u. s. w." (so wird derselbe für irgend ein erledigtes Amt anempfohlen.) *Fol. 229 a.*

129. 1564. 30. April. Wien. Ratschlag an die *Hof-Camer*, auf des *Regäcz* suppliciern von wegen der Contreband an der Terfisz.

(Ihre königl. Mt. wünscht, dass dem Supplicanten in Anbetracht seines Bruders, des „Posstmaister-Ambtshanndler zu Reinhausen" welcher um dieser Sache willen sogar nach Wien kam, die Kontrebande gänzlich nachgelassen werde.) *Fol. 230 a.*

130. 1564. 1. Mai. Wien. Gnadverschreibung *Clauden Tripett*, per 1000 Taller.

Wir etc. bekhennen, dass wir in gnedigster erwegung deren gehorsamen vleissigen vnnd willigen Dienste, die vnns vnnser Leib-Palbier Claudi Tripett, nun in die zwainzig Jar lang, an unnseren khaiserlichen Hof erzaigt und bewiesen; soll er 1000 Taller als ein freyes, wolverwendetes Gnadengeld haben". — (Das Pfeningmeister-Amt soll ihm oder seinen Erben daher jährlich 80 Thaler auszahlen, bis die Summe voll geworden ist.) *Fol. 231a.*

131. **1564. 1. Mai. Wien.** Beuelch an *Davidn Hagn*, Phenningmaister, von wegen *Claudien Tripett*, tausendt Taller.

(Zu dem vorigen gehörend.) *Fol. 231b.*

132. **1564. 1. Mai. Wien.** An *Hertzogen von Wirtemberg*, auf seine uberschickhet wein, Danckbriefl.

„Wir haben durch einen Flossman von Ulm die fünffzehn Fass-Neckhar-Wein, mit welchen vnns dein Lieb, auf Doctor Zasyen, der Khay. Mt., auch vnnseres Ratts vnnd Hof-Vice-Canczlers erinnderung versehen, woll vnnd richtegelich emphangen;" u. s. w.

„Wollen dieselbigen von deiner Lieb wegen verzeren vnnd deren dabei in allem guttem gedenckhen, haben auch darvnder etliche, im versuechen, befunden, die vnns vorder anmuettig (dünken) vnd aller dings vnsers Drunnckhs (würdig) seyen" etc. *Fol. 232a.*

133. **1563. 1. Mai. Wien.** Credentzschreiben an die *Khunigischen Denemarkhischen abgesannten*, so jetzt zu Rostockh auf die vorsteende Fridtshanndlung zusamen khumen solln, auf *Hainrichen von Walstain* vnnd *Niclasen von Warnstorff*, khuniglichen Comissarien.

Insimili an die **Schwedisch**,
an die Stadt **Lubeckh** gesandte,
mutatis mutandis.
Polln wardt lateynisch geferttigt. *Fol. 232b.*

134. **1564. 1. Mai. Wien.** Confirmation vber Herrn *Pettern von Molart* erkhaufft hauss sambt ainem Gārtl.

Wir etc. bekhennen etc. alls vnnser lieb. getr. **Petter von Molart** zu Rainegg, Röm. Khai. Mt. Rath, auch vnnser Cammerer, vnnd vnnserer freundtlichen, liebsten gemahl, der Römischen Khunigin Obersten-Stablmeister, vnnderthenniglich fübracht; wasmassen die Edlen, auch Ersamen etc. **Christoff** vnnd **Osswald**, gebrueder, **Freiherrn von Eynzing** zu Schrattenthall, vnnd Burgermaister vnnd Rath vnnser Statt Wienn, Jene, des Beneficiaten Freihauss in der Hochstrass allhier, mit der ainen seitten an der **Freyherrn von Rogendorff**, vnnd mit der anndern an der Herrn von **Diettrichstain** heuser gelegen, so zu weilandt des Elltern vnnd jungern **Hannsens Pruekhner**, beder selligen, geistlichen Stifft gehörig, deren angeregten von **Eyzing** vnnd die von Wienn Rechte vnnd vnbezweifelte

Lehens-Herrn vnnd Collatores seyen, vmb des willen das solche stifft- vnd freye Behausung, durch die vorigen inhabenden Beneficiaten dermassen in abpaw khomen, das schier niemandts darinnen sicher wonen mugen, vnnd einen rechten stattlichen vnnd vnwiderrufflichen khauff, Inhallt, vnnd vermug aines darvber aufgerichten vnnd verferttigten Khauffbrieffs, dessen Datum Wienn den ersten Tag des Monatts May negstverschienen 63t. Jars, zu khauffen geben hätten, vnnd vnns darauf vmb Confirmirung vnnd bestattung solches khauffs etc. etc. angesucht vnnd gebeten. *Fol. 234 a.*

135. 1564. 2. Mai. Wien. An *Haubtman zu Alltenburg*, auf sein schreiben Antwort (wegen) der vier geurtltcn Personen daselbst.

(Maximilian bestättigt des Hauptmanns Schreiben empfangen zu haben und wünscht sogleich zu wissen, was jene zwei, welche zum Schwert verurtheilt wurden, nämlich der Schulmeister zu Somerein und der Kroat Bartel, verbrochen hätten und wie alt und ob sie gesund, stark und „von glidmassen gebrauchsam" seien.)

(Was die zwei anderen betrifft, welche zum „ausstreichen" verurtheilt sind, soll der Hauptmann sogleich zur Execution schreiten.)

(Endlich wünscht der König zu wissen „wieuil vnnd waserley getraid" vorhanden sei: „damit wir vnns desto pass entschliessen vnnd bescheid geben mugen".) (Vermuthlich wegen der Preise des Getreides auf den königl. Herrschaften.) *Fol. 235 a.*

136. 1564. 3. Mai. Wien. Instruction auf der Khün. Mt. *Gesanndten* geen Rostockh.

(Nämlich für die beiden schon mehrmals genannten Herren Heinrich von Wallstein und Niklas von Warnsdorf.

Erstens sollen sie sich ungesäumt auf den Weg machen, damit sie am Pfingstmontag, den 22. Mai, zu Rostok ankommen können, wo sie sich sogleich bei den kais. Commissären anzumelden haben und mit diesen über die Friedenseinigung sprechen sollen.)

„Vnd damit sy bey der haubtsächlichen Tractation, sieh in allen vnd yeden zwischen Dennemarckh vnnd Schweden, vorschwebenden Irrungen, Gebrechen vnnd strittigkaiten, desto fueglicher zu hallten, auch mit den Khai. Commissarien vmb so uil richtiger vberain zu stimmen wissen, so haben sy benebens zu befinden ain Abschrifft von der besondern Instruction, so durch die Khay. Mt. auf solche Irer Mt. Comissarien ausfuerlich verfasst vnnd geferttigt worden, derselben sollen sy sich neben mit Ihn, den Khai. Comissarien genczlich vnnd steiff darnach ausshallten."

(Was noch des Weiteren vorfallen würde, dass jene Instruction nicht enthielte, dass sollten sie mit den kaiserl. Commissären erwägen. Ferner sollen sie mit den Räthen des Churfürsten von Sachsen „guete Respodenz hallten";

und mit den andern churfürstlichen und den beiden königlichen Abgesandten aller Gebühr nach zu verhalten wissen.

Sie sollen gleich bei ihrer Ankunft und dann später mehrmal schriftlich berichten, wie sich die Sachen anlassen und wie sich die beiden Könige sammt ihren Adhaerenten in die „Handlung schickhen."

Diese Schreiben sollen über Prag eingesendet werden. Alles übrige bleibt der Geschicklichkeit, dem guten Vorstande und langen Erfahrung der beiden Commissäre überlassen.) *Fol. 236 a.*

137. 1564. 3. Mai. Wien. Credentz an die schwedischen vnnd Dennemarckhischen Abgesandten so yetzo zu Rostockh bey einander sein.

(Ein Creditbrief für Herrn von Wallstein und Niklas von Warnsdorf; zu dem vorigen Schreiben gehörend.) *Fol. 238 a.*

138. 1564. 3. Mai. Wien. An die Statt *Augspurg*, Fürschrifft für *Tristanndt Peringer*, damit er bey Innen mit drey Pherden vnnderhalten werden möchte.

(Tristanndt Peringer zu Winckhl, gewesener Diener und Hardtschier Maximilians, will mit drei Pferden in die Dienste der Stadt Augsburg treten, wozu er durch dieser Schreiben empfohlen wird.) *Fol. 239 a.*

139. 1564. 3. Mai. Wien. An *Haubtman zu Alltenburg* das er ain Abschrifft des *Frassl's* Inventariumbs alheer schickhen wölle.

(Nämlich die Abschrift des Inventars und der Schätzung von weiland Benedict Frassel's Verlassenschaft.) *Fol. 239 b.*

140. 1564. 3. Mai. Wien. An die Stat *Presslaw*, vmb bericht auf *Georgen*, Loggeyen suppliciern.

„Auf beyliegende Supplication, vnns von vnnserem Laggey, Georgen von Trienndt gehorsamblich vberraicht, ist vnnser genediger Befelch an euch, das Ir vnns Eueren aussfuerlichen, fuederlichen Bericht zuckhommen lasset.
Fol. 240 a.

141. 1564. 3. Mai. Wien. An *Bischoff zu Presslaw*, das Er den *Bartholomee Regulus* für gewalt bey seinem Archidiaconi handthaben wolle.

(Dem Bischof von Breslau wird aufgetragen den Barthol. Regulus „so zu „handthaben"; das dieser hinfort unverhindert sein Archidaconat zu Breslau oder anderswo ausüben könne.) *Fol. 240 b.*

142. 1564. 3. Mai. Wien. An *Landtmaister in der Newstatt* das er die 47 fl. R. 41 kr. den Hanndtwerchsleutten daselbst bezallen wölle.

(Aus dem Renntmeisteramt zu Neustadt für allerlei Arbeit, „für vnnser freundliche liebste Gemahl".) *Fol. 241 a.*

143. 1564. 3. Mai. Wien. An Graf *Philipsen von Hanaw*, das er der Statt *Schembnitz* Pharrer, *Vlrich Khamerkhnecht* genandt, nit abreden wölle, sonder Ine lenger bey Innen lassen.

(Der Graf von Hanau scheint den Ulrich Kammerknecht von Bruchsal, als Prediger für sein eigenes Haus gewünscht zu haben, die Bürger von Schemnitz bitten aber, ihnen denselben zu überlassen und Maximilian unterstützt diese Bitte indem er bemerkt, dass die Stadt Schemnitz, „als welche gar an den Erbveindt gesessen, dergleichen taugliche guette Leutt nit allbeg beckhomen khunde" etc.) *Fol. 241 b.*

144. Das Datum fehlt. Fürschrifft an die Statt *Nurmberg*, für *Andree von Schwanbach*, das sy wöllten seyn ausstendige Suma gellts lenger bey Innen still ligen lassen.

(Der königl. Secretär Johann Andreas von Schwanbach hatte bei den Nürnbergern eine Summe liegen, die ihm von diesen mit jährlichen siebenzig Sonnenkronen verzinst wurde, nun aber „aufgekhundt" ward. Er wendete sich daher um Fürsprache zu seinem König, der nun die Nürnberger ersucht die Geldsumme noch weiter gegen Verzinsung bei sich liegen zu lassen.)

Fol. 242 a.

145. 1564. 15. Mai. Wien. An *Eliasen Kottwitz*, vmb Sparber vnnd Plafuess.

„Nachdem wir diser Zeith an gutter Vögln, als Bastardt der schönen Plafuess vnnd Falckhen, abgang und mangl haben, vnnd vnnser Falkhnerey gern widerumb staffirren wollten, so ist vnnser gnedigs begeern an dich, du wollest verordnung thun, damit vnns etliche dergleichen Vögl, so bei dir in den Gepurgen, deiner Jurisdiction vnnderworffen, gefangen werden, vmb die gepuerliche Bezallung widerfaren mugen". *Fol. 267 b.*

146. 1564. 15. Mai. Wien. Insimili: An *Wenczlen Hodiczkhy* auf Hodicz, zu Mislicz Obersten Hofrichter, im Marggrafthumb Marhern.

Idem an **Bischoff zu Neittra**, soll latteynisch gefertigt werden, vnd **Ladislawen Kheretschein** auf Niclassburg. *Fol. 268 a.*

147. 1564. 15. Mai. Wien. Patent auf die drey *Pleckhenstainer*.

Es wird allen Unterthanen besonders aber den Landesgerichten u. s. w. ernstlich und dringend anempfohlen dass sie:

„Des Franczen Ficzin, Inhabers Merkhenstain vngetreue Mordtthätern, die drey Pleckhenstainer, gebrueder, wo vnnd an welchen ortten oder Ennden, sy alle drey oder ainer aus Inen etc. etc. betretten, erfaren vnd erkhundigt werden mögen, gestrachs, ohn alles verziehen und Ausflucht in gefenckhliche verhafft bringen vnnd alssbaldt wolverwarlich vnnd sicherlich hieher zu Handen des Stadtgerichts anndtwortten vnnd füren lassen"·

(Und zwar bei Verwirkung des Landgerichts, welches sogleich aufgehoben und eingezogen wird u. s. w.) *Fol. 268 a.*

148. 1864. 15. Mai. Wien. Fürschrifft an *Hertzogen zu Clef*, für *Jacoben Ruelln*.

„Nachdem dein Lieb von der Rom. Khai Mt. etc. vermog jungstens zu Wormbs Deputation ergangnen abschidts, zu desto bestanndt habenden, allgemaines aussgekhundeten Lanndtfriden, zu ainem Obersten vber 500 derselben Reitter bestellt vnnd fürgenommen, sich auch dein Lieb auf solch Irer Khai. Mt. beschehenes gerechts vnnd freundlichs ersuchen, angeregten Obersten Ambts vnnd befelchs, dem geliebten Vatterlanndt Teutscher Nation zu guetten, sonnder Zweifel gern beladen" etc. . . . . etc.

„. . . vnns aber vnnserem Diener Hanns Diettrieh Ruel vnnderthenigst angezaigt (worde) wie er einen brueder an vnsers lieben Newen, des Churfürsten zu Trier hof hab. mit Namen Jacob Ruel, so um lannge Zeith in Khriegsleuffen wol gerbt vnnd erfahren seyn, vnnd sich in jetzigen Khriegsgewerben vnnder deiner Lieb Reuttern etc. auch gehorsamblich gebrauchen zu lassen vorhabens wäre" etc.

(so möge ihn der Obrist mit 5 oder 6 wohlgerüsteten Pferden bei diesen Reitern unterbringen und ihm allenfalls einen Befehl übertragen u. s. w.)

(Das Schreiben ist sehr weitwendig und voll Wiederholungen.)

Fol. 268 b.

149. 1564. 15. Mai. Wien. *Christophen Stredele* Raitbrief, von wegen seiner Pheningmaister Ambtverwaltung.

(Wir etc. bekhennen hiemit, alls wir nach absterben weillendt Pettern Hallers, vnnseres gewessnen Ratts vnnd Pheningmaisters, vnnsern lieb: getr. Christophen Stredeln, vnnserm Hof-Controlor aus dem genedigen vertrawen so wir zu ime getragen, die verrichtung vnnd verwalltung solchen Pheningmaister Ambtshanndlung, biss auf weitere versehung, genediglich auferlegt vnnd befohlen, welche verwaltung sich dann am 18. tag des Monats Augusti negstverschinen 63ten angefangen vnnd biss auf den 1. Mai dieses gegenwärttigen 64ten Jars [1]) erstrekt vnnd verloffen; das er vnns anjeczo vor dem Edlen vnns. lieb. getr. Leonharden von Harrach den Elltern, Freyherrn zu Roraw, der Ro. Khai. Mt. vnnseren gehaimen Rath, Camerer vnnd Obersten Hofmaister, vnnd Ludwigen Vngnaden, Freyherrn zu Sonnegg, vnnsern Hofmarschalch, aller vnnd jeder derselben seiner Pheningmaister-Ambtsverwaltung halber, vnnd dann auch was wir Im auf die Abferttigung in Hispanien, der Durchleuchtigen, vnnseren freundtlichen geliebten Sune, Erczherczog Ruedolffen vnnd Ernsten zu Österreich etc. an gulden khetten,

---
[1]) Im Originale steht abermals im 63. Jahre. Offenbar hat sich aber der Copist nur verschrieben.

Silbergeschir vnnd annderm vertrawt vnnd in verwarung gegeben, ain erbare, guette, aufrichtige Raittung gethan.

Vnnd nemblich so bringt aller sein Emphang in ainer Suma benenndtlich 253.975 gulden Reinisch, 32 khreuczer vnnd vierthalben Phening.

Dagegen thun alle seine aussgaben die obbemellte Zeith: 226.030 Gulden Reinisch 55 khreuzer, ain halben Phening, den gulden zu 15 Paczen oder 60 khreuczer gerechnet, alles nach vermugen vnnd aussweisung seiner eingelegten vnnd fürgebrachten, ordenlichen Wochenzetteln, Rait-Registern, Particularn, Befelhen vnnd annders, die er gegen disem vnnserm Raitbrief zu vnnsern Handen vberanndtwort.

So nun aller abgesetzter Emphanng vnnd aussgab gegen einannder gelegt vnnd aufgehebt, ist vnns mehrgedachter Stredella, dieweil er mer empbangen weder aussgeben, in solcher Raittung 27.944 gulden Reinisch, 37 khreuczer, 3 Phening schuldig worden, welcher jeczt gemellten Resst er vnns dann zu Hannden vnnsers jeczigen Pheningmaisters Dauiden Hayn in guetten parem gellt vberanndtw ort vnnd erstatt hat.)

(Stredele erhält daher die volle Abfertigung dieser Rechnunglegung.)

Fol. 269 b.

150. 1564. 15. Mai. Wien. Decret an Herrn *Andreen Pogl,* in causa *Ficzin.*

(Dem Herrn Andr. Pogl Freiherrn, nochmalls mit Ernst auffzulegen dass er, vnuerhindert seines gethannen Berichts, Irer Khai. Mt. vorigen befelch. mit vberandtworttung der Päxnerin, dem Franczen Ficzin, vnuerzogenlich vnnd an ainigen ferrern aufschub wuerckhlich nachkhome. Dann dieweil er dieselbig vber vnnd wider des Herrn Landmarschalchs Gebott vnnd Befelch, von Hannden khomen lassen, so soll er gleichwoll sehen, wie er die widerumb heh enndigen vnnd beekhomen muge.) *Fol. 271a.*

151. **Das Datum fehlt.** An die *Schlesische Camer* auf ir vberschickhten 8000 fl., Recepisse.

(Bestättigung des Empfanges dieser 8.000 fl., die vom eingebrachten Biergeld stammen und von Jeremias Albrecht im Pfeningmeisteramt übernommen wurden. Zugleich wird aber der 1.000 fl. Rheinisch, vom ersten Quartal wieder gedacht, die bisher noch nicht eingesendet wurden.)

(Der Schluss des Schreibens fehlt.) *Fol. 271b.*

152. 1564. 20. Mai. Wien.

(Ende eines Passbriefes für ein Fass oder einen Ballen eigener Güter der Königin, die von Nürnberg her ankommen sollen.) *Fol. 276 a.*

153. **1564. 20. Mai. Wien.** Schuldverschreibungen *Hannsen Meners*, Burger in der Newstatt per 2500 fl. R., *Frauw Stampin* vmb 4000 Gulden Reiuisch, *Colman Egerer*, vmb 3000 Taller.

(Hanns Menner, Bürger und Stadt-Cämmerer in der Neustadt leiht dem König 2.500 fl. auf ein halbes Jahr gegen acht Procente.)

„Insimili Schuldtverschreibung auf wellendt Anthonien von Stampfen nachgelassenen Wittib, vmb 4.000 fl. Rheinisch, auf drei Monatt lang, gegen 5 per cento.

Idem, ain Schuldtverschreibung auf Colmar Egerer vmb 3.000 Thaller auf drey Monat lang. Das Interesse ausszulassen". *Fol. 276 a.*

154. **1564. 20. Mai. Wien.** An *Ulrichen Strein* das er auf *Jacoben Anthony von Thun* Hochczeit in der Khu. Mt. Namen erscheinen wölle.

(Thun hat die Hochzeit mit „Arbogasten von Annenberg, Vatters seeligen, Tochter, Junckfrawen Barbara" beschlossen, für den 6. Juni auf dem Schloss Caldes bestimmt und den König dazu eingeladen. Ulrich v. Strein hat nun anstatt des Königs dabei zu erscheinen und der Braut die „Vereerung" die ihm von dem tirolischen Kammerrath Wilhelm Giennger zugestellt wird, zu überreichen.) *Fol. 277 a.*

155. **1564. 20. Mai. Wien.** An *Anthoni Jacob von Thun* Recepisse auf sein Hochczeith.

(Dem Thun wird gemeldet dass Ulrich Strein, Commthur des deutschen Ordens an Königs statt bei der Hochzeit erscheinen werde.)
(Zu Obigem gehörig.) *Fol. 277 b.*

156. **1564. 20. Mai. Wien.** An *Wilhalmen Gienger*, das er ain Trinckhgeschir per hundert Gulden Reinisch, auf des *von Thun* Hochzeit schickhen wölle.

(Zu dem Vorigen gehörig.) *Fol. 278 a.*

157. **1564. 20. Mai. Wien.** An Graf *Hanibaln von Embs*, fürschrifft für *Balthasar von Thansdorff*.

(Balthasar von Thansdorf, Diener des Freiherrn und Obersthofmeisters von Harrach, der allein in Ungarn fünf Feldzüge gegen die Türken mitmachte und auch bei anderen Feldzügen zugegen war, wo er sich als „ain befehlchsman guetwillig gebrauchen lassen" — hätte noch ferner Lust zu dienen. Da nun Hannibal von Embs von „Herrn Philippsen, Khunigen zu Hisspanien vber ain Regimendt teutscher Knecht als Oberster" aufgestellt wurde, wird diesem Balthasar von Thansdorf anempfohlen.)

Fol. 278 b.

157 b. **Das Datum fehlt.** An Graf *Hanibaln (von Embs)* Fürschrifft für *Maximilian Mendler*.

(Eine Anempfehlung dieses Mendler, ähnlich wie die vorige.)
(Der Schluss dieses Schreibens fehlt.) *Fol.* °

158. 1564. 24. Mai. Wien. An *Churfürsten zu Trier*, von wegen *Cassandri*, ine mit ehistem alher an Irer Mt. Hof zu fürdern.

(Georg Cassander, der als gelehrt und in der heiligen Schrift als wohl belesen gerühmt wird und sich „dieser Zeit" entweder zu Kölln oder bei dem Churfürsten zu Trier befindet, soll an des Königs Hof berufen werden. Der Churfürst wird daher ersucht, im Falle dass sich Cassander bei ihm befände, diesen durch alle dienlichen Mittel und Wege dahin zu bringen, dass er die Reise nach Österreich antrete, und zwar den Rhein hinauf bis gegen Worms, und von da zu Land bis Ulm und „further herabwerts, durch das bequemblich Mittel des Thunawstroms" bis Wien.

Die Zehrung zur Reise soll ihm durch Georg Lang, königl. Diener zu Speier verabreicht werden.) *Fol. 284 b.*

159. 1565. 25. Mai. Wien. An die *Regierung vnnd camer in Tyrol*, von wegen der 150 Marckh fein Silber.

„Ihre Khai. Mt. haben dem König 150 Mark feines Silber bewilligt, welches sogleich nach Nürnberg an Wenzel Jamiczer gesandt werden soll, der den Befehl hat, dasselbe mit ehesten zu verarbeiten". *Fol. 285 b.*

160. 1564. 25. Mai. Wien. An *Jacoben Katz*, von wegen *Georgen Spettls* dargelihne 7000 fl. R.

(Die 7.000 fl. werden gegen 6 Procent und mit halbjähriger Aufkündigung entlehnt.) *Fol. 286 a.*

161. Das Datum fehlt. An *Herrn von Dietrichstain*, dass er beim *Khunig von Hispanien* anhalten wölle, damit des *Cardinals von Augspurg* gnaden gellt, die zehen tausendt Cronnen, mit ehistem richtig gemacht würden.

„Nachdem der Cardinal vnnd Bischof zu Alban vnnd Augspurg, Brobst vnnd Herr zu Elwangen, in seinem jeczigen alhiesein vnns vnnder annderm zu erkhennen gegeben, was massen, der (Titulus ad longum), Khunig zu Hispanien, Seiner Lieb, jungstlich zu Barzellona mit zehen Tausendt Cronen adiudo de Costa begabt, vnnd dieselbigen auf den einckhomen zu Neapolis seiner Lieb furderlich zu entrichten, assigniert vnnd verordnet, vermug herzu gethanner Copi derselben, seiner Lieb Assignation; — so vermerkhen wir ain solche, vnnsers freundtlichen lieben Bruedery vnnd Vetters freundtliche vnnd mildreiche erzaigung, zu sonndern bruederlichen hohen guettem gefallen".

(Weil nun der Cardinal solcher Gnaden besonders würdig ist, weil sowohl er als seine Vorältern dem Hause Österreich gute Dienste leisteten, und sich derselbe bei der letzten langen und schweren Reise trefflich wohl verhalten u. s. w. u. s. w., so erhält Dietrichstein den Auftrag den König von Spanien für diese Liberalität Dank zu sagen.)
(Der Schluss fehlt.) *Fol. 287 a.*

162. **1564. 1. Juni. Wien.** Schuldverschreibung *Erasmen von Gera* per 29.000 fl. Rh.

„Wir etc. bekhennen, dass vnnser lieb. getr. Erasmus von Gera, der Khay. Mt. Hof-Camerrath, Camerer vnnd Hauptman zu Pethaw, nachuolgende drei Possten, nemlich:

9000 guldin gegen fünff per cento, von dem 3. Aprilis gegenwärttigem 64ten auf ain Jar lang,

item mer 12.000 guldin, gegen sechs vom hundert von negst vergangenem Georgy auf ain halbs Jahr vnnd dann

8.000 fl. reinisch vmb sihen von hundert verzinssung auf ain ganzes Jar, welche drey Possten zusammen bringen 29.000 guldin Reinisch, erhanndelt vnnd aufgebracht, etc. vnnd in vnnser Pheningmaistes-Ambt vberraicht vnnd ausgezelt etc. etc". *Fol. 297 b.*

163. **1564. 1. Juni. Wien.** Schuldverschreibung *Grawen von Orttenburg* per 20.000 fl. R.

(Ferdinand Graf von Ortenburg, Freiherr von Freienstein und Karlsbach lieh dem König diese 20.000 fl. R. auf ein Jahr lang zu 6 Procent. Diese Schuldverschreibung ist mit der Feder durchstrichen und daneben an die Seite hingèsehrieben:

„Dise Schulduerschreibung ist durch die Hof-Camer cassiert.)"

Fol. 299 a.

164. **1564. 1. Juni. Wien.** Beuelch an *Dreissiger zu hungarischen Alltenburg*, von wegen des *Grauen von Orttemburg* 20.000 fl. Rh.

(Der Dreissiger erhält den Auftrag nach Ablauf des bestimmten Jahres, die 20.000 fl. sammt den Interessen, aus den Gefällen des Oberdreissigsten zu bezahlen.)

(Ebenfalls, als zu dem Vorigen gehörend, mit der Feder durchstrichen.)

Fol. 300 b.

165. **1564. 1. Juni. Wien.** Schulduerschreibung *Wolffen Paller* per 6000 fl.

(Wolf Paller, kais. Mt. Rath und Bürgermeister zu Augsburg, lieh diese 6000 fl. Rh. auf ein Jahr, zu 6 Procent.)

(Die Verschreibung ist mit der Feder durchstrichen und daneben hingeschrieben:)
„Diese Schuldverschreibung ist durch die Hofkamer cassirt."
Fol. 301 b.

166. **1564. 1. Juni. Wien.** Quittung des (für) Herrn von Gera das er die 29.000 fl. in das Pheningmaisterambt paar erlegt. *Fol. 302 b.*

167. **1564. 1. Juni. Wien.** Decret an *Stattrichter zu Wienn*, die zween gefangne von Alltenburg in sein verwarung zu nemen. *Fol. 302 b.*

168. **1564. 1. Juni. Wien.** An *Haubtman zu Altenburg*, von wegen *Hannsen Friedenreich* Weingartten.

(Der Hauptmann soll dem Hanns Friedrich wegen des, zu seinem jüngsterkauften Hause gehörigen Weingartens, zu Recht und Gebühr verhelfen.)
Fol. 303 a.

169. **1564. 2. Juni. Wien.** An *Behemischen Camer-Presidenten*, damit er die 10 Zentner Zyn alher verfuegen wolle.

(Die zehn Zentner Zinn, die der König zu Prag für seine Hofhaltung anordnete, sollen mit der nächsten Fuhr nach Wien geschickt werden.)
Fol. 303 b.

170. **1564. 3. Juni. Wien.** An *Graf Claudi von Triulcz*, das sein Brueder *Oratio* das Lehen einstellen wölle.

„Nachdem vnns dein Brueder Graf Oratius Triulcz anjeco schrifftlich bericht ob er woll auf deinen gegebenen Beschaid vnnd befelch, allen höchsten vnnd muglichen vleiss fürgewendet, damit er die Güetter verkauffen vnnd zu gelt machen, vnnd vnns dauon daz angebottne Darlehen richtig machen möchte; das er doch bissheer zu kainem angenemen oder gelegensamen Kauff oder Partida komen hette kunden, es were denn sach, das er sich in ain solche weitläufftigknit begeben, vnnd das er zu järlichen bezallung, zu funff oder sechs hundert Cronen annemen, vnnd also erst in vil Jaren bezallt werden wollen, so haben wir im widerumb zugeschriben, dieweil es die Mainung, so wollten wir vnns dessen, durch dich angebottnen Darlehens genediglich begeben vnnd enntschlagen" etc. etc. *Fol. 304 a.*

171. **1564. 3. Juni. Wien.** An Herren *Adamen von Dietrichstain*, damit er auff ein Person aines künnftigen Hoffmaister gedacht sein wolle.

„Auf dein gehorsame schrifftliche anmanung vnnd erinnerung, betreffendt dye abwechslung vnnd ersetzung deiner Person von deinem jetzt tragendem

Ambt, haben wir hin vnnd wider auf teugliche Personen, daraus wir aine furnemen möchten, gedacht, vnnd befinden nachuolgende drey, nemblich: für den Ersten vnnsern Öbersten Stallmaister Wratislawen herrn von Pernstain,

darnach der Rö: Khay. Mt: jeczigen Oratorn zu Rom, Graf Prospern zu Arch,

vnnd für den dritten Franncezen Freyherrn von Turn, Oratorn zu Venedig,

deren jeder, vnnsers Erachtens, an dein statt nicht vndienstlich sein möchte. Nun haben wir vnns, ausserhalb vnnd one dein räthlichs gutbedunckhen, weder auf ainen noch den andern, entschliessen wöllen, sondern zuuor dich darüber hörn" etc. *Fol. 304 b.*

172. 1564. 3. Juni. Wien. An *Haubtmann zu Alltenburg* von wegen etlicher maleficischen Personen.

„Wir haben deine zway schreiben, von 10. vnnd 19. Mai emphangen, vnnd souil nun die zwo zum schwerdt vervrtelte Personen, als den Schulmaister vnnd Crabathen betrifft, da wöllen wir inen baiden, aus milden khunigl: Gnaden, das leben geschenckht haben, doch dem Schulmaister dannocht alhie ain Zeit lanng im Graben zu arbaitten geben, aber den Crabatten auf die Galleen schickhen, derwegen ist vnnser befelch an dich, das du sy baide fürderlich vnnd wolbewarlich herauf schickhest.

Von wegen des Getraidts, da ist nachmalen wie vor vnnser befelch, das du dasselbig alles, in die Profanndt, den mutt vmb 8 fl. Rh gebest, vnnd dich mit dem Profanntmaister oder seinem verwalter vergleichest wann und wohin du solches vberantwortten solltest etc.

Belanngendt den vnfleiss vnnd nachlässigkait der Posstknecht, da achten wir für vnnodt aigne Posst-Ross zu halten, wir wollen aber nicht vnnderlassen, bei dem Hofposstmaister ernstliche verfuegung zu thun, damit die Posstknecht daniden hinfurtten zu merern Vleisz vnnd aufmerckhen gehalten werden sollten". *Fol. 305 b.*

173. 1564. 3. Juni. Wien. An *Jhan von der Aa*, das er sich vmb 3 Personnen die zu Ehrnholden zw gebrauchen seyn, bewerben wölle.

„Nachdem wir entschlossen, drey Ehrnholden an vnnsern kunigl: Hof zu halten, wölche aber inn manicherlay sprachen erfaren, vnnd sonst zu dergleichen Ambt und officium gevbt vnnd qualificiert sein müessten, so ist aus dem gnedigen vertrawen, so wir zu dir tragen, vnnser genedigs begeren an dich, du wöllest also auf dergleichen drei Personnen etc. bedacht sein. etc."

Fol. 306 a.

174. 1564. 3. Juni. Wien. Schulduerschreibung *Brobst zu Closter-Neuburg* per 2.442 fl. umb wein etc.

„Wir etc. thun kundt das wir dem Eersamen u. s. w. Leopolden, Brobst des Gotshauss Closter Newhurg, vmb vnnd für 1395½ Ember Weins, die er vnns auf vnnser gnedigs begern am 1. Octobris negstverschienen 63*t.* Jars keufflich eruolgen vnnd zusteen hat lassen, schuldig sein worden (etc.) 2442 fl. Reinisch".

(Die Schuld soll am 1. October 1564 durch das Pfenningmeisteramt zu Wien getilgt werden.) *Fol. 306 b.*

175. **1564. 5. Juni. Wien.** An *Wilhalm von Gera*, das er seinen Rest auff Khunftig Jacobi gewisslich alhie erlegen wölle.

(Da in den Überresten des Copei-Buches die Folien 243 bis 266 fehlen, so kann die Hinweisung auf den, in dieser Mahnung genannten 15. Mai nicht angedeutet werden.) *Fol. 307 a.*

176. **1564. 3. Juni. Wien.** An *Haubtman zu Altenburg*, auff sein Schreiben von wegen der Drappen, Anntwort.

„Wir haben dein Schreiben vnnd bericht von wegen der Drappen vnnd Kranich etc. emphangen, vnnd wollen diser Zeit der Kranich entratten, magst sy derhalben vnnden behalten, aber wann du der Trappen bekomen möchtest, wie du dann nochmalen deinen vleiss fürwennden magst, die nemen wir zu gnaden an". *Fol. 307 b.*

177. **1564. 3. Juni. Wien.** An Herr *Moritz Rümpfen*, vorderbrieff.

„Wir wollen dir genediglich nicht verhalten, das wir willens vnnd vorhabens sein, die anndern vnsere geliebten Sune, von vnnd aus der Weiber Zucht zu nemen, vnnd Inen Iren Hofmaister vnnd Camerer sambt anndern dienern zu zu ordnen. Dieweil wir dann, für andere zu deiner Person ain sonnders genedigs vertrawen vnnd zuenaigung tragen, so wären wir bedacht, dich zu baider Ämbtern als obersten Hofmaister vnnd Camerer zu gebrauchen".

(Rumpf soll desshalb sogleich nach Wien kommen, um den Gegenstand abzuschliessen.) *Fol. 308 a.*

178. **Das Datum fehlt.** Auff *Jacoben Katz* Schreiben von wegen der Summa Gellts ans der Graffschafft Glatz, Anntwort.

„Wir haben dein Schreiben vom 14. Mai etc. emphangen, hetten vnns gleichwoll versehen, es sollte sich ain merere Summa des Piergefell vnnd Restannten" . . . . . (eingestellt haben.)
(Der Schluss fehlt.) *Fol. 308 b.*

179. **1564. 20. Juni. Wien.** An Herrn *Landshaubtman ob der Enns*, von wegen der verwaltung der Lanndtshaubtmanschafft zu Lynncz.

(Der Landeshauptmann ersuchte um einen Urlaub auf zwei Monate um „anhaimbs auf Kirchberg" zu gehen, während seiner Abwesenheit soll daher der Anwalt seine Stelle vertreten.) *Fol. 353 b.*

180. **Das Datum fehlt**. An *Jacob Katz*, Obereinnemer inn Bähem, auf sein schreiben, Anntwortt.

(Bestättigung des Empfanges seines Schreibens vom 7. Juni und der neuen Schuldverschreibung, welche dem Katz mit dem königlichen Siegel versehen wieder zurückgesendet wird, damit er sie an den gehörigen Ort schicken könne. — Des Spettl's Geld, 7000 Thaler soll Katz sogleich nach Wien senden.)

„Vnnd dieweil du lautt deines schreibens vom 1. Mai, sonnst inn annderweeg bei 2800 Taller schon bei haunden gehabt, vnnd vnnsers versehens seither, an den gefellen des Pier vnnd Cerung-gelts souil woll, oder ain mcrers gefallen sein wirdet, dauon du den von Dona, seiner 5000 Taller entrichten mugest" etc.

(Der Schluss fehlt.) *Fol. 354 a.*

181. 1564. 1. Juli. **Wien**. Der *gebrueder von Landaw* Schuldtverschreibung umb 8000 fl. R.

(Hanns, Johann, Lucz und Siegmund von Landau samt ihrem abwesenden Bruder Achazius, haben diese 8000 fl. R. für jährliche 8 Procent, welche am Ostertag zu Linz bezahlt werden sollen, dargeliehen. Die Aufkündigung der Summe soll acht Tage vor oder nach Ostern geschehen.)

Fol. 372 a.

182. 1564. 1. Juli. **Wien**. Schuldverschreibung *Gravin von Schaunberg* per 6000 fl. R.

(Diese Verschreibung ist ebenfalls wie die früher bezeichneten, mit der Feder durchstrichen und dabei bemerkt:)

„Dise Schuldverschreibung ist durch die Hof-Camer cassiert worden."

Fol. 373 b.

183. 1564. 2. Juli. **Wien**. Decret an die *Nieder-Österreichische Regierung*, das sy von wegen Officials vnnd deren von *Paden* ausfuerlichen bericht thuen wölle. *Fol. 375 a.*

184. 1564. 2. Juli. **Wien**. An *Lanndshaubtman vnnd viczdomb ob der Enns*, von wegen der maleficz Personen mit ehistem alheer zu uerordnen.

(Die zur Galeere Verurtheilten sollen wohlverwahrt an den Stadtrichter zu Wien geschikt und die Gefangenen zu Grein, gleichviel ob sie alle oder zum Theil verurtheilt wären, in das hiesige Amtshaus gesendet werden.)

Fol. 375 b.

185. 1564. 2. Juli. **Wien**. Fürschrifft an *Grauen zum Haag*, für *Hairich Wallnstain*.

— — „Es hat vnns der auch wolgeborne vnns. lieb. getr: **Friedrich von Walnstain auf Aulibicz**, der Röm. kay. Mt: Mundtschenckh, in vnnderthenigkait zu erkennen geben, wie das er, vermug eines auffgerichten vertrags, weilendt seiner gehabten hausfrawen, deiner Schwester **Maximiliana Gräfin vom Hag**, hinder Ir gelassner zwo Töchter von der ersten Ehe: **Veronica** vnnd **Maria** genannt, welche sy mit, auch weylendt, **Carlen Graffen zu Ortemburg** ehelichen erzeugt, 1500 fl. zu hannden Ihrer geordneten Vormunden, der edlen vnnd vnnsern vnnd des Reichs lieben getrewen: **Graff Joachimen zu Orttemburg** vnnd **Hannsen Notthafften** zu Aholing, zu erlegen schuldig, vnnd vnns vmb vnnsere genedigste Intercession an dich, damit du Incn solche 1500 fl. von wegen der Lieb und Freundtschafft (u. s. w.) so er zu weillandt seiner Hausfrawen, deiner Schwester, und dir yeder Zeit getragen .... mit Clainatern, Gelt oder in andern weeg, an seiner statt contentiren vnnd zufriden halten wöltest, gehorsamlich gebetten etc. etc. etc........

Desshalb wollest du dich gegen Ime von **Walnstein** wilfürig erzaigen" u. s. w. *Fol. 376 a.*

186. **1564. 2. Juli. Wien.** An *Churfürsten zu Maincz*, von wegen *Amaleia Negelerin*.

— — „Damit dann die Röm. Khay. Mt: vnnd wir ires nachlauffens gennzlich entladen werden, vnnd auch sy, als ain alttes verlebts Weib, die vbrigen täg ires lebens von der Oberburgischen verlassenschafft die Alimente bekhumen möge" etc.

(so solle der Churfürst darauf bedacht sein wie der Bittstellerin zu helfen wäre.) *Fol. 377 a.*

187. **Das Datum fehlt.** An *Vitzdomb zw Lintz*, das er mit der *Abbetisin zu Erla* hanndle, damit sy des *Sommerawers* Töchterl auffnemen wölle.

(Der Schluss fehlt.) *Fol. 377 b.*

188. **1564. 3. Juli. Wien.** An die *Nider-Össterreichische Regierung*, das man den *Basll Sennfftl* gewiss ins Ambthauss verordnen wölle.

(Der Pfleger zu Starhemberg soll den gefangenen Übelthäter Bastl Senfftl unverweilt hierher ins Amthaus schicken, da ihn die Röm: königl. Mt. des begangenen Todschlags willen, auf fünf Jahre zu den Galeeren verurtheilte.) *Fol. 380 a.*

189. **1564. 4. Juli. Wien.** Passbrief auf Maria *Maydalena Ciunga* (Zuniga?) mit iren guettern passiern zu lassen.

— — „Nachdem die edl vnns. lieb. andechtige Dona Maria Magdalena de Ciunga kurczuerruckhter Tagen aus unseren freundlichen liebsten Gemahl frawen-zimer, iren weeg in Hispanien genomen, vnnd diese vier Truhen oder stuckh mit allerlai irn aigen sachen vnnd Plunder hinder ir verlassen, wölche von bie in das Niederlanndt gefüertwerden" (so sollen besagte Truhen ohne Aufhaltung überall passirt werden).

Fol. 380 b.

190. Das Datum fehlt. An *Erzbischoue zu Maincz*, betreffendt der *Herczogin von Lottringen* beschwarung des *Khunigs aus Franckhreichs* einzug zu Baar.

„Als khurczverruckhter Tagen die durchleuchtige (etc.) fürstin, fraw Cristina, geborne Kunigin zu Dennemarckh, verwittibte Herzogin zu Lottringen, vnns vertrawter guetter wolmainung schriftlich zu erkennen gegeben, wess sich am jungsten mit des Khunigs v. Frannckhreich Einzuge zu Barr verloffen, alles Innhalts wie Dein Lieb auss Irer, der von Lotringen Liebden Extract sambt darbeyliegenden verzaichnuss, baide verteutscht, weiter zu uernemmen, vnnd wir der obliegenden gebur nach, anstatt der Rö: Kay. Mt. (etc.) dero wir in yetzig Irer schwachait mit solchem verschont vnnd vnbemuehet halten wöllen; trewlich nachgedacht, auch bey Irer Mt: vnnd weilands Kayser Carols (etc.) Channczleien fleissige aufsuechung thun lassen, so haben wir doch das ihenig, so vnns zu völliger Information dieser sachen vonnölten, nicht erlangen mögen, wass massen von vilen Jaren her, bey den Reichsversamblungen der Lotringischen Subiection halb, mancherlay Disputation furgelauffen, vnnd das die Lottringer selbst vill vnrichtigkait darinnen gemacht.

Als furnemblich anno 32 zu Regenspurg, alda freylich weylandt der alt Herczog Anthoni, inn seinem Fürsten schmuck ain freyer Monarcha sein, vnnd kainer Oberherrn erkennen wollen, ausserhalb der Marggrafschaft Pontemonson, sambt etlichen wenigen stuckhen, so er vom Reich zu Lehen truege; weyl aber solche sach damals bei den gemainen Reichs-Stennden ventiliert worden, vnnd vnns vnbewusst was, darauff zur Antwortt gegeben, oder ob vnnd was für Beschaid darüber ergangen, so wirdet zweiffelson desshalb aller Bericht bei deiner Lieb Reichs-Canczley zu finden sein; gesynnen demnach, gauncz freundtlich vnnd gnediglich begerendt, es wolle dein Lieb disen vnnd dann der anndern Tractation, so volgends 43. Jars zu Nurnberg, zwischen der Kay. Mt: damals Röm. Khönig, vnnd den Stennden des Reichs an einen, vnnd dann dem vorberuerten Herc og Anthonien (gleichwol wie wir vermerckhen) meistenthails dess Camergerichts Jurisdiction, des Laonndfridens vnnd der Anschläg halben, auffgericht, auch sonst darumben hinc inde gehanndelt, vnnd sonnderlich ob vnnd was die Lottringer damals verner von wegen

Irer angemasten Monarchi furgewenndet, alles fleisses nachsuechen zu lassen.

Dessgleichen manngelt vnns auch furnemblich die völlige Hanndlung, so harnachmals von König Francisci wegen anno 45 zu Wormbs vor den Reichs-Stennden, durch offentliche protestation gegen Lotringen, vnnd in specie dess Herczogthumbs Barr, vnnd desselben Superiorität halben gehanndelt, sonnderlich was durch die Stennde für Antwortt gegeben, oder sonst decretiert worden, ob auch auff demselbigen Reichs-Tag Lottringische Rüth vorhannden gewesen, vnnd ob sy sich offentlich oder ad partem, bey dem Churfürsten Rath oder villeicht allain bey deiner Lieb Meinczischen Reichs-Cannczley, darüber wenig oder vill herwider erklärt vnnd veremen lassen haben, welches alles dann dem yecziegen Casum haubbtsächlich beruen thuett, vnnd desto mehr vonnötten ist hierauff, vnnd was sonst weitter hierczu dienstlich verhanden sein möchte, besonndere embsige Nachsuechung zu uerordnen".

(Der Schluss fehlt.) *Fol. 381 a.*

191. **1564. 6. September. Wien.** An *Cardinaln von Augspurg*, Credentcz-Schreiben vnd Antwortt.

„Wir etc. etc. haben alle Euer Lieb Schreiben, so sy vnns bey vnnsern etc. Hanibale Lothornigii (Lothoringii?), gegenwärtig irem Rath vnnd Secretarien getban, emphangen, vnnd desselbigen Innhallt sambt seinem mehrueltigen mündtlichen werbungen vnnd anbringen, vnnd letztlich auch E. L. christlichen guethercezigen mitleidens, auf weillendt der Rö. Kbay. Mt. vnnsers geliebten Herrn vnnd Vatters hochloblichster gedechtnuss, tödtlichen abgang, nach lenngs freunndtlich verstannden, vernomben.

Vnnd dieweil wir dann gar inn khainen Zweiffl stellen, das solches alless aus rechtem guetten österreichischen Herczen vnnd gemuett fliessen thuet, so nemen wir dasselbige, sambt Euer Lieb freundlicher ererlerung, willen vnnd erpietten gegen vnns, zu sonnderem freundtlichen vnnd danckhnemigen gefallen an. Euer L. solle auch dess vertrawens gegen vnns in Gewisshait sein u. s. w. u. s. w.

Es ist vnns auch ermellter E. L. Rath vnnd Secretary Hanibale Lothornigi inn allen scinen Handlungen ganez angenem vnnd dermassen anmuettig gewest, das wir seiner Person innsonderhait mit allen Gnaden wolgewogen, vnnd wo er von E. L. nicht abgefordert, ine bey vnns vor jemandt andern, nur genedigst wol hetten leiden mugen." *Fol. 511 b.*

192. **1564. 8. September. Wien.** An die von *Augspurg*, Fürschrifft für *Jacob Strada*, ime in seiner Handlung verhilfflich zu sein.

(Strada hat bei einem Augsburger Bürger eine Schuld einzufordern man möge ihn daher dazu verhelfen) „vnnd nicht gestatten das er vnbillicher Weise aufgezogen vnnd vmbgesprenngt werde". *Fol. 513 a.*

193. **1564. 8. September. Wien.** An die Statt *Passau*, das sy des *Hanns Francoys*, der Rö. Kayserin Khoch, Gewalttrager, inn dem so er bey inen zu hanndlen fürderliche billiche aussrichtung thuen wöllen.

(Da der Koch H. Francois im Namen seines Weibes mancherlei in Passau zu verhandeln hat und seines täglichen Dienstes wegen nicht abkommen kann, so soll man seinem Gewalthaber zu Passau die nöthige Beihülfe zukommen lassen) *Fol. 513 b.*

194. **1564. 8. September. Wien.** Passbrief für *Jacob Strada* geen Augspurg, vnnd von dannen geen Nürnberg, biss wider herab, frey zu passieren. *Fol. 514 a.*

195. **1564. 9. September. Wien.** Decret an *Burgermaister* vnnd Rath *zu Wienn*, wegen ettlicher Pottschafften so alher geen Wienn khommen werden, ettliche Beth vnnd andere notturfften, inns *Hasenhaus* zue zu richten.

„Nachdem innerhalb zehen tagen, stattliche vnnd angenemc Pottschafften alher zu Irer Khay. Mt. khomen werden, welche Ir Khay. Mt. gnediglich gern mit allen Ecrn vnnd wol tractiert sehen wollten, derwegen auch Verordnung gethan, das sy für ihre Personen inn dass Hasen-Haus losiert, vnnd dieselbigen Zymmer, mit Ir Khay. Mt. Tappessereyen gecziert vnnd stoffiert werden, vnnd aber mitberuertten Pottschafften in die funnffzig Edelleut, vnnd vber die anderthalb hundert Pherdt khommen werden „so ist Irer Khay. Mt. gnedigs gesynnen vnnd begeren an die von Wienn etc. das sie, etwa aus Gerhabschafften, in die 40 gerichten Pedt, zu sambt der notturft, Tisch vnnd Penckh auf etlich wenig täg, dargeliehen vnnd in gedachtes Hasen-Haus etc. gebracht werden."

Fol. 514 b.

196. **1564. 9. September. Wien.** Decret an die *Nider-Österreichische Regierung*, *Hansen Spaichinger* vnnd *Georgen Ödennburger* inns Ambthaus zu uerordnen.

(Diese beiden Übelthäter welche zu Markersdorf gefangen liegen, sollen dem Stadtrichter zu Wien überantwortet werden.

Spaichinger wird zu vier und Ödenburger zu sechs Jahren Galeerenstrafe verurtheilt. Was aber die andern daselbst gefangenen Personen, Wolfgang Sturcznpain und Anna, sein Weib, so wie den Hans Holczer, betrifft; soll es bei gethaner Erkenntniss bleiben und die Regierung dieselbe vollziehn.)

Fol. 515 b.

197. **1564. 9. September. Wien.** An *Herrn von Rosenberg* Obristen-Burggrauen vnnd Herrn Obristen-Canczler, betreffendt die vnrichtigkeit,

inn einbringung und vnderlegung des Piergroschen vnd Crönungs-Stewr in Behem.

„Alls diser Tagen vnnser Obereinnemer inn Behem, Jacob Khacz, allhie bey vnns gewesen, haben wir in einbringung vnnd erlegung vnnsers Piergroschen vnnd Crönungs-Stewr, so vnns durch die Stende der Cron Behem ainhellig bewilligt worden, dermassen vnrichtigkhaiten vnnd vngehorsam vermerkht vnnd befunden etc. welches aber, wie bemellter Jacob Khacz anzaigt allermaist an der Execution vnnd Hanndthabung erwinden vnnd mangeln sollte" etc. etc.

(so wird den beiden Herren aufgetragen, die Wege und Mittel auszuforschen, auf welchen diesem Übelstand abgeholfen werden könne.) *Fol. 516 a.*

198. **1564. 9. September. Wien.** An Herrn *Behemischen Canczler*, vermanbrief seines erpiettens ain stattliche Summa gellts Irer Mayt. auf Michaelis aufzubringen.

(Der Kanzler hatte sich gegen den Obersthofmeister Leonhard Freiherrn von Harrach erbothen, eine stattliche Summe Geldes in Böhmen aufzutreiben und wird daran erinnert dieses Versprechen auszuführen.) *Fol. 517 a.*

199. **1564. 10. September. Wien.** Decret an die *Nider-Österreichisch Regierung* das sy zwischen Herr *Christoff Haller von Hallerstain* vnd. weilend *Herrn Christoffen Freyherrn von Eyczing* hinderlassnen wittib vnderhanndlung verordnen. *Fol. 517 b.*

200. **1564. 10. September. Wien.** *Salomon*, Juden, Freyhaitt-Brief.

„Wir etc. bekhennen dass Salomon, Juden, sambt seinem Weib, Khindts- vnnd Prodtgesindt alhie inn vnnser Statt Wienn pleiben, wohnen vnnd auch sonst allenthalben in vnnserm Erczherczogthumb Österreich vnder der Enns, seiner aufrichtigen Hanndtierung nach, frey, sicher vnnd vnverhindert hanndlen vnnd wanndlen müge und solle, one menniglichs Irrung und verhinderung. Doch solches alles biss auf vnnser wolgefallen vnnd widerruffen. Vnnd das er sich auch annderer Juden nicht anneme, noch dieselben im schein dieser vnnsrer Befreyung, bey ime vnnderschleiffe, dessgleichen sich auch aller verschlagenen contrabandischen Hanndlungen vnnd Contract ennthalte." *Fol. 518 a.*

201. **1564. 10. September. Wien.** An *Sebastian Luxen*, alltcn Zalmaister, allerlay Tischgewandt betreffendt.

„Nachdem wir erinnert, wie das Ime weillendt der Rö. Khay. Mt. vnnsers geliebten Herrn vnnd Vattern hochmilden gedechtnuss, Hofczallmaister-Ambt deiner verwalltung allerlay Tischgewandt (welches schon beczalt) alls nemblich:

Simpl Leinbath zu Saruetten 752 Ellen,
simpl Leinbath zu Tischtuechern 100 Ellen,
Tamasst-leinbath zu Tischtüechern 50 Ellen, vnnd
Tamasst-leinbath zu Pünden 108 Ellen
vorhanden sein solle, So ist vnnser genediger beuelch an dich das du dieselbigen Stuckh alle vnnserm Hof-Controlor Christophen Stredele, zu vnnsrer Hofhaltung zuestellest vnnd vberantworttest. Das soll dir in deiner khunfftigen Raittung passiert werden." *Fol. 518 b.*

202. 1564. 11. September. Wien. Decret an *Stattrichter zu Wienn* mit Irer Mt. Resolution, welche Maleficz-Personen auf die Galeen verschickht werden sollen.

„Von der Rö. Khay. Mt. etc. herrn Hannsen Fahter, Statrichter alhie widerumb zuezustellen vnnd anzuzaigen, dass Ir Khay. Mt. nachuolgende gefangene Maleficz-Personen des lebens begnadt vnnd mit volgenden vnderschiedlichen Jarn auf die Galleen gesprochen vnnd condemniert haben.

Erstlich Micheln Toppler, so ainem anndern sein Weib enntfuertt, auf sechs Jahr.

Blasien Florenzer, Esltreiber, von wegen seiner vnmenschlichen vbertrettung (Sodomie?) sein lebenlang.

Petter Hasperg von Oberlach, so sein Weib erschlagen, auch sein Leben lanng.

Hanns Gartner von Grein, dieweil fürkhombt, das er aines erstanndnen allters [1]) so soll er auf der Galleen puessen vnnd ruedern so lanng er mag.

So wirdet ime, Stattrichter, auch von Horn ainer, mit Namen Hanns Spaichinger, welcher diebstalls vnnd anderer vbertrettung halben zum Strang vervrtlt, zue gebracht worden, dennselben haben Ir Khay. Mt. vier Jar auf die Galleen condemniert.

Item mer ainer so zu Marckhersdorff gefangen vnnd verurtlt, mit Namen Georg Ödenberger, der soll sechs Jar auf der Galleen puessen. Vnd demnach soll er, Stattrichter, jecztbemellte zwo Personen (wann man sy ime bringt) inn sein Verwahrung nemen vnnd ueber den anndern obangeregten, biss auf weittern beschaid, behallten.

Letstlich betreffendt Fransisco Dios von Neapless, welcher jüngst begangener entleibung halben allhie zum Schwerdt verurtlt worden, da wölle sich Ir Khay. Mt. hernach seinethalben entschliessen, mitler Zeitt soll er gegen ime stillhalten." *Fol. 520 a.*

203. 1564. 11. September. Wien. An *Adam Geyern* von wegen der *Ficzinischen* Hanndlung.

---

[1]) D. i. bereits hochbejahrt.

(Der Empfang des Berichtes wegen der Fahndung Geyers nach den drei flüchtigen Ficzinischen Unterthanen wird bestätigt, diesem aber neuerdings und bei der schon früher angedrohten Strafe befohlen, alles aufzubieten, um sie gefänglich einzubringen.) *Fol. 521 a.*

204. 1564. 11. September. Wien. An *Andreen Pögl*, von wegen der *Ficzinischen* Hanndlung.

(Obwohl dem Andr. Pögl durch einen Rathschlag (s. Nr.) der Auftrag ertheilt wurde, dem Franz Ficzin die Päxnerin zu handen zu stellen, so that er dies doch nicht, sondern gab nur ungenügende Entschuldigungen, es wird ihm demnach ernstlich befohlen, diese Päxnerin mit ihrem Hab und Gut binnen einem Monat an Fizin zu überantworten.) *Fol. 521 b.*

205. 1564. 11. September. Wien. Decret auf *Franczen Ficzin* von wegen seiner Hanndlung.

„Die weil Irer Khay. Mt. noch etwas bedencklich u. s. w. die Tortur hierinn bemellter Personen zu bewilligen, so mag er (Ficzin) nochmalln ain vnpartheyisch geding, (wie vor beschehen) niederseczen, denselben sein notturfft fürbringen vnnd darüber erkhennen lassen vnnd da er zu uolstreckhung desselben vnnseren verrnern˙ befelch bedörfftig, sollen ime dieselbigen auch beuor sein. Doch das denn gefanngenen zu Irer Deffension auch ain Procurator gestattet werde, vnnd alssdann Ir. Khay. Mt. solcher erckhanndtnuss berichten." *Fol. 522 b.*

206. 1564. 11. September. Wien. An *Erzbischoff zu Salczburg*, von wegen des *Ruebers* dienstgellt.

„Wir etc. geben deiner L. zu erkhennen, als wir khurz uerruckhter (Zeit) vnnserm getr: lieb: Hannsen Rueber ain Anzall gerüster teutscher Reutter, guettentaills Lanndtleut dieses vnnseres Fürstenthumbs Österreich vnnder der Enns, inn vnnser besaczung zu Raab, zu widerstannd vnnsers Erbveinds, vndergeben vnnd vertraut, dass wir ime, auf sein gehorsam anhiallten vnnd bitten etc. zuegelassen haben, seine eemals gehabt Rittmaislers-Bestallung bei deiner Lieb, zu behuff der Lanndspergischen Schirms-verein; danchen zu behallten vnnd demselben volge zu laisten" etc. *Fol. 523 a.*

207. 1564. 13. September. Wien. An Herrn *von Polhaimb*, das er sich mit chisten aller verfuege wegen *Pettern Hallers* nachgelassnen Erben irer Phenningmaisterambtsraittung. *Fol. 523 b.*

208. 1564. 13. September. Wien. An *Graf Ludwigen von Stolberg*, auf *Herczog Adolphen von Holstain* Hochczeit zu erscheinen.

(Da der Kaiser von Adolf, Herzog zu Schleswig, Holstein, Stargard und Dietmarschen zu dessen Hochzeit mit Christinen Landgräfin von Hessen eingeladen wurde, ersucht er den Grafen von Stollberg am bestimmten Tag (17. Dezember 1564) bei dem Feste zu Kassel seine Stelle zu vertreten und der Braut die ihr bestimmten Geschenke zu überreichen.) Post scriptum. (Die Geschenke sollen durch Georg Illsung von 'Augsburg „richtig gemacht" werden.) *Fol. 524 a.*

209. **1564. 13. September. Wien.** An *Haubtman zu Hungerischem Alltenburg*, über *Albrechten Famor* das Recht ergeen zu lassen.

(Befehl dass über den Todtschläger Albrecht Famor ein unpartheisches Geding festgesetzt werde; dass aber mit der Execution eingehalten und berichtet werden solle, ob der betreffende jung und stark sei.) *Fol. 525 b.*

210. **1564. 13. September. Wien.** An *Herczog Adolph von Holstain* auf sein Hochczeittladung Anntwortt.

(Zugleich mit einer Anempfehlung des Grafen Ludwig von Stollberg und Königstein, als Stellvertreter des Kaisers.) *Fol. 526 a.*

211. **1564. 13. September. Wien.** An *Haubtman zu Alltenburg* wegen der *Susanna Tausserin* suppliciern, betreffendt den Hof so Ir Mait. *Geörgen Niderleunder* Hartschier-Furier einczugeben verordent.

Fol. 527 a.

212. **1564. 13. September. Wien.** Absolutionbrief *Marxen Sawtters*.

(Markus Sautter der seines „ungebührlichen und sträflichen Verhaltens" wegen gefangen gesetzt war, wird begnadigt, und darf sich überall im h. röm. Reich, mit Ausnahme Würtembergs, aufhalten.) *Fol. 527 b.*

213. **1564. 13. September. Wien.** An *Erczherczog Ferdinanden*, Fürschrift für *Francz von Rosenfells*.

(Rosenfels wird dem Erzherzog zur Aufnahme in dessen Dienste anempfohlen.) *Fol. 529 a.*

214. **1564. 15. September. Wien.** An *Haubtman zu Alltenburg*, dess verstorbnen *Amadij Petter* Güetter, so er verlassen zu visitieren.

Fol. 529 a.

215. **1564. 16. September Wien.** An die Statt *Schemnicz*, betreffendt des jungen *Iyelshovers* heyrat.

(Franz Igelshofer, Sohn Franz Igelshofers des Älteren, kais. Rath und ältester Secretair, wünscht sich mit der hinterlassenen Tochter des weiland Waldbürgers auf der Schemnitz, Hieronymus Salin, Jungfrau Sabina Salin, zu verehelichen, welche bei dem Doctor und Rath Joseph

Zoppl wohnt. Da nun die Familie der Igelshofer stets dem Kaiser und Reich treue Dienste that, so wird dem jungen Igelshofer, der schon in der Neusohler-Commission als Secretär verwendet wurde, seine Bitte gewährt und
Georg Prosskhowsky von Prosskhow, Freiherr, Comthur zu Grebnick und kais. Kämmerer, und
Kaspar, Freiherr zu Vels, Geh. Rath und Oberstkämmerer des Erzherzogs Ferdinand,
als Commissäre ernannt, die bei dem Doctor Zöppl und seinem Eheweib, so wie bei der Jungfrau Sabina selbst, den Heirathsantrag für Franz Igelshofer stellen sollen

Da nun die Jungfrau die Werbung annahm, so wird die Stadt Schemnitz ersucht, kein Hinderniss in den Wege zu legen und die Heirath zu befördern.

In simili an die Jungkhfrawen, negste freundt u. s. w. wie folgt.)

(Ein Rundschreiben an die Anverwandten der Braut.) *Fol. 530 a.*

216. 1564. 15. September. Wien. Auf Herrn *Wilhelmen Khurczbach* Schreiben, so er bey *Fabian Zeme* Irer Mt. Druchsass, gethan, Anntwortt.

(Bestättigung des Empfangs des Schreibens. Rücksichtlich der Person aber, welche mit Sr. Mt. sprechen wolle, wäre jetzt nichts Bestimmtes zu sagen da der Kaiser nicht wisse wie lang er in Wien bleibe oder wann er nach Prag gehen werde.) *Fol. 533 a.*

217. 1564. 16. September. Wien. An *Ertzherczog Ferdinanden*, Anntwortt betreffend des Grauen *zu Helffenstain* cruorderung.

(Der Kaiser wünscht, dass der Graf von Helfenstein, Statthalter von Oberösterreich, in seinen Diensten bleibe und nicht durch andere abwendig gemacht werde, besonders da der Herzog von Würtemberg im Namen des schwäbischen Kreises dem Grafen so „stattliche Anerbiethungen stellte" :)

„Daher wir nicht vnzeitlich besorgen müessen, ess möchten wir vnnd Euer Lieb vmb solchen ansehlichen Dienner diesergestallt gebracht, vnnd fürnemlich E. L. zum höchsten verphendlich vnnd wol vnleidlich (sein) denn was ermellter Schwehischer Craiss nun ein lange Zeitt her für merckbliche hässige vnnd grosse Irrungen noch in Lebzeitten vnnsers geliebten Herrn vnnd Vatters, Irer aller Herr vnnd Khaysers, erweckhen vnnd Ir. Mt. darmit merfeltigs molestiren dörffen, vnnd was Euer Lieb allso nunmer für grosse Unrichtigkhaitten von dannen her zu gewartten, dessen haben wir vnns erinnert, vnnd darneben bedacht, wie schedlich es sein würde, das dieser Graf, nach erlangter guetter Erfarung vnnd Hebung vnnsers Haus Osterreichs-Sachen vnnd Gelegenhait, auch erlernung dessen Gehaimnussen, mit ainem so ansehlichen Deuelch bey ermellten häderischen schwäbischen Creiss verhafft werden sollte."

(Aus diesen Gründen sah sich der Kaiser bewogen, den Grafen zu sich zu berufen und persönlich mit ihm zu sprechen, da aber der Graf dem Erzherzog versprach, seinen Posten nicht zu verlassen, konnte diese Reise unterbleiben. Auch wäre, um den Grafen zu erhalten, ein Übriges zu thun, da er, was ihm auch immer für eine stattliche Besoldung gereicht war, dieselbe wohl verdiene) etc. *Fol. 534 a.*

218. **1564. 17. September. Wien.** Vorderbrief an Herrn *Hannsen von Opperszdorff*.

(Obersdorf wird wegen Besprechung wichtiger Dinge aufgefordert, nach Wien zu kommen.) *Fol. 536 a.*

219. **1564. 22. September. Wien.** An Hertzog *Hainrichen zu Braunschweig*, Antwortt seines christlichen Mitleidens weillendt der verstorbenen Rö. Khay. Mt. *Fol. 536 b.*

220. **1564. 17. September. Wien.** An *Wilhelmen Khurczbach*, Vorderbrieff vnd anntwortt.

(Bestättigung des Empfanges des Briefes vermittelst des Truchsessen Zeme, und Befehl an W. Kurzbach sich wegen der „bewussten polnischen Sach" von Stund an nach Wien zu begeben.) *Fol. 537 b.*

221. **1564. 22. September. Wien.** Passbrief auf *Wilhelm Gülch*, der Rechten Doctor, *des Hertzogen zu Gülch* Rath vnnd Ambtman zu Planckhenburg wiederumb anhaimbs. *Fol. 538 a.*

222. **1564. 23. September. Wien.** An die *Schlesisch Camer*, mit vberschickhung aines Packhet, an *Valentin Säuerman* zu der Jeltsch lautend. *Fol. 538 b.*

223. **1564. 26. September. Wien.** Decret an *Superintendennten* der Kayserlichen Statt-gepew alhie, das er *Marxn Glaser* ain halbs Jar im stattgraben piessen lasse.

(Der Superintendent hat den Max Glaser vom Hofprofosen zu übernehmen und in Eisen geschlagen, ein halbes Jahr im Stadtgraben arbeiten zu lassen.) *Fol. 539 a.*

224. **1564. 26. September. Wien.** An *Borzywoy*, *Burggrauen von Dona*, betreffendt die 7000 schockh Meichsnisch, so ime die Kay. Mt. zu thuen schuldig, Auntwortt.

(Es ist bei dem Obereinnehmer in Böhmen, Jacob Khacz von Khaczenstein, Verordnung gethan, diese Schuld auf nächsten St. Gallustag auszubezahlen.) *Fol. 539 b.*

225. 1564. 26. September. Wien. Passbrief auf etliche Harnisch so den Härdtschiern von Augspurg herab gefuert werden sollen.

„Wir entbietten u. s. w. — Nachdem ettliche vnnser Härdtschier zu verrichtung irer Dienste, zwainzig schwarze Harnisch in der Statt Augspurg machen und schlahen haben lassen, welche inen jeczo auf dem Thunastromb herab gefuert werden — so ist vnnser begeer dieselben ohne Maut vnnd Zoll etc. passieren zu lassen." *Fol. 540 a.*

226. 1564. 26. September. Wien. An *Anthoni Morentzen*, mit vberschickhung ainer verzaichniss was er für siesse Wein khauffen solle.
Fol. 540 b.

227. 1564. 26. September. Wien. An *Jacoben Khatz* das er für die ainhundert vnd zehen Hauben für Guardi, 150 Taller Irer Mt. Ainspenig zuestellen wölle.

(Für die Hürdschier-Gardy sind in Böhmen 110 Hauben schmieden zu lassen, Jac. Khatz hat desshalb an den kais. „Ainspeniger" 150 Thaler auszubezahlen.) *Fol. 541 a.*

228. Was für Hofgesindt vom Adl diser Zeit nit am Hof seyn.

Herczog von Münsterburg,
Khurczbach,
Scherotbin,
Zernaho,
Buthiany,
Herr Wennzl von Don,
Graff von Hardegg,
Walemzkby,
Fridrich von Huberckh,
Jacob Segger,
Städler,
Gotsch,
Abfalther,
Gündter von Pina,
Graf von Seren,
Humaney. *Fol. 541 b.*

229. 1564. 26. September. Wien. Forderbrief an das abwesend Hofgesindt.

„Nachdem sich zuetragen möchte, das wir in khurczem von hier verruckhen, vnnd ain stattliche Rais thuen müessten, so haben wir dich des bei Zeitten erinnern wöllen, vnnd ist vnnser genediger Beuelch an dich, das du dich darnach richtest auch dein Gesindt inn schwarzen sächssischen mäntln vnnd sächssischen Huetten khlaidest, auf das, wann wir dich eruordern, du dich demnegsten an vnnsern kais. Hof verfuegen vnnd deinen Dienst wie sich gebuert auswartten mügest etc." *Fol. 542.*

230. 1564. 29. September. Wien. An *Ertzhertzog Ferdinannd*, Antwortt, betreffendt die newen Sigll so Ir Drl. für die Kay. Mt. haben machen lassen.

„Wir haben Euer Lieb Schreiben, betreffendt die newen Sigill, so Euer Lieb für vnns machen vnnd schneiden haben lassen sollen, emphangen etc. etc. Vnd dieweil wir dann die rechten Sigl also vber lannd zu schickhen, bedenkhens tragen, so haben wir dieselbigen inn Pley abgiessen lassen die wir E. L. hiemit vbersenden. Vnnd wirdet E. L. solche durch den Khünsstler dauon E. L. in Irem Schreiben meldung thuen, inn Silber giessen vnnd fürtter ausberaitten vnnd an die Statt zu ferttigen" u. s. w. *Fol. 541 b.*

231. 1564. 27. September. Wien. Decretum an die *Nider-Österreichisch Regierung*, betreffend den Herrn *Landeshaubtman* inn Österreich ob der Enns.

(Der Landeshauptmann schrieb am 28. August an die Regierung um Bescheid, wie man sich wegen Bann und Acht fernerhin zu verhalten habe und diese wird erinnert den Bescheid zu geben.) *Fol. 543 a.*

232. 1564. 28. September. Wien. An *Jacoben de la Vega*, Tiergarttner in der Newstatt, dess *Andreen Bathory* dienner vier Tendl Gaiss zuecznstellen. *Fol. 543 b.*

233. 1564. 29. September. Wien. An die *Tyrollisch Cammer* der vberschickhten Etschkhutten [1]), antwortt.

(Bestättigung des Empfangs und dank für die freiwillig an die Kaiserin durch einen Bothen übersendete Etschkutten.) *Fol. 544 a.*

234. 1564. 30. September. Wien. Passbrief an den *Florentinischen Orator*, von hie aus anhaimbs. *Fol. 544 b.*

235. 1564. 1. October. Wien. An die fürstlichen Durchleuchtigkhait, *Ertzhertzogen Ferdinanden*, die Transportation der Khay. Leuch vnnd Pragische Haubt-Exequien betreffendt.

(Der Kaiser stellt in dem sehr langen Schreiben dem Erzherzog die ganze Leitung dieser Feierlichkeit anheim, indem er mit dessen Vorschlägen

---

[1]) Vermuthlich Quitten von der Etsch. *Cydonia vulgaris* Pers. mhd. chutinbomm, chuten, chutte u. s. w.

darüber ganz einverstanden ist. Über das weltliche Comitiv bis zur böhmischen Grenze, ist noch nichts resolvirt.)

„Dass aber Ew. Lieb für betrachtliche Beysorg gehabt, ob vielleicht der Znaymisch Lanndtag, der mahrherischen Comitiv nicht etwas abhrüchig fürfallen mochte, da seyen wir, solchem zu begegnen diss vorhabens, das wir die Khays. Leich im Closter zu Znaym so lanng rhuen vnnd in mittels darbey allen Cultus Diuinum täglich verrichten lassen wöllen, biss der Lanndtag sich nun zum Beschluss naiget etc. etc."

(Auch über die, bei dem Transport der Leiche einzuschlagenden Strassen wünscht der Kaiser vom Erzherzog Vorschläge zu erhalten.)

„Weitter vnnd zum vierdten will vnns auch nicht für ratsam ansehen, die teutschen Lehenleutt vnserer Cron Behem, zu diesen Haupt-Exequien zu uerordnen, in betrachtung des darmit nit woll ain absonnderung zu machen, vnnd aber sy all zu beschreiben vil zu weitt vnnd gar auff etliche Chur- vnnd Fürsten, auch ain grosser annzall der Reichs-Grauen vnnd Adls, so doch alle mit einander der Augspurgischen Confession zugethan, gegriffen (werden müsste) darzue alssdann auch die anndern Churfürsten vnnd noch sehr vile Fürsten nicht möchten aussgeschlossen werden, das aber vnnser anfengelichen. mit E. L. gephlegten Beratschlagung zuwider sein würde, indem das allein die negst verwandten Khunige vnnd Fürsten vom Geblueth oder gar nahetten Schwagerschafft, zu diesen Exequien zu berueffen, derwegen wir dann die angeregte erforderung ehebemellter Teutschen Lehensleuth, auf das mal einzustellen, für das richtiger vnnd besser ermessen."

„Fürs fünffte lassen wir vnns durchaus gefallen was Eure Lieb stattlich vnnd nottwenndiglich bedacht haben, von wegen eintragung der khaiserlichen Leuch in vnser Statt Prag, auch abwechselung derer Personen so zum Wagen gehören oder verordnet" etc. etc.

„Zum Sechsten lassen wir vnns dasjenige Modell zum Tabernacul oder Castro-Doloris mit dem obern runden Einfang vnnd dem einzigen Gipffel darauf, gleich wie Euer Lieb, auch am besten gefallen."

„Zum Siebendten stellen wir Euer Lieb auch haimb die ausszaigung Euer L. vnnd vnnsers freundtl. vnnd lieben Bruders Erczherczog Carls Liebden Station auf der rechten seitten ad cornu Euangelii, vnnd dann der Pottschafflter dargegen vber zu uerordnen etc. etc."

„Zum Achten haben wir auch das Stickhl Marmelstain aus dem Khuttenperg, so Eure Lieb geschickht vnnd zu der Sepultur vermaindt zu gebrauchen seie, gesehen, vnns gedunckht aber, solcher Marmal seye nicht sonnderlich rain vnnd also schier zu schlecht auf die Khay. Mt: vnnd vnnser geliebsten Fraw Muetter, Baider Irer Mtt. hochsälligster Gedechtnuss, Sepultur, haben derwegen Ewr Lieb österreichischer Regierung vnnd Camer schreiben lassen vmb etliche Proben des ihenigen stains so zu Insprugg zu Khayser Maximilians Begrebnuss gebraucht vnnd theills von Genua dahin gebracht, zum thail auch wie wir bericht, aus Ewr Lieb Stainbruch bei Störczing gehauen worden, vnns alssdann zu vnnserer persöndlichen zusammenkhonnfft derwegen mit einander weitter haben zu vergleichen. Dann vnnsers Erachtens sollen wir es allerseits an einen solchen, damit diese Khayserliche Sepultur nur eerlich vnnd zierlich, vnnd wie es lr Mt. in lrem Testament vnnd Codicill selbst zum anndern repetiert, von ainem guetten Stain aufgericht, nicht erwinden lassen."

„Wir wollen zum Neundten, dabeneben von Ewr Lieb des vertrösten Models oder Visiers des gannzen Grabs, wie es Ewr Lieb jeczo innrichten lassen, gewertig sein, vnnd mag mitlerweil vnnd bis solche Sepultur mit allem nottwendigem vleiss aussberait, boeziert vnnd volendet, die begrebniss wol mit ainer sauberlichen Bedeckhung zur nottdurfft vnnd zum wolstand vorwart werden."

(Zehntens. Die zu dieser Solemnität nöthigen Insignien, Wappen u. dgl werden zu rechter Zeit nach Prag gesendet werden.)

(Eilftens. Die Kosten der Exequien und des Grabmals werden auf die böhmische Kammer angewiesen.)

„Zum zwelfften vnnd letzten khönnen wir Ew. Lieb deren begeern gemess, noch zur Weil ainiches benenntlichen Tags oder Zeith vnnser hineinkhonfft geen Praag gar nicht vergewüssen, zum thaill von wegen des sorglichen vnnd zerritten wesens in vnnserm Khunigkreich Hungern, bevorab in Zypss, vnnd das wir derenthalben vnns von hinnen nicht woll werden erheben mögen biss der ortten mehrere fürsehung beschehen vnnd sonnderlich nicht eher alls vnns auch auf jetzige Schickhung gegen Constantinopoll vom Turggischen Khaiser widerumb beschaid vnnd anndtwort einkhombt, vnns darnach in ain oder den anndern weeg haben zu richten. Vnnd dann zum thail auch, das vnns des vorsteenden Reichstags halb, von Baiden Churfürsten, Trier vnnd Cölln, noch khain Anndtwort widerfaren, zu dem das dannocht auch noch ain guette Zeit auff allerhandt wolberatliche verrichtung zu diser Solemnitet, sowoll alhie alls zu Praag gehörig vonötten, weil allein die Wappen, Fanen vnnd anderes noch, khaum in gannez sechs wochen nach dato zu vollem End verferttigt werden khönnen, zu geschweigen der zu Praag eingreiffenden Sterbleuffen, welcher demnach nach gelegenhait, wie es der Allmechtig damit schickhen vndt wirkhen wird, auch woll waar zunemen ain Notturfft sein will."

„Das alles wollten wir zu bruederlicher Erinnerung" etc. etc.

Fol. 546 a.

236. **1564. 1. October. Wien.** *Otten von Neidegg*, Ratts vnd Camerer Brieff.

(Otto von Neidegg wird als Rath und Kämmerer bestätigt.) *Fol. 551 a.*

237. **1564. 1. October. Wien.** An *Lanndtshaubtman ob der Enns*, das er lr. Khay. Mt. ain verzaichnuss der vermöglichsten Prelatten vnnd

Lanndtleuth, so zu der Khay. Exequien zu erfordern wären, vberschickhen wölle. *Fol. 552 a.*

238. **1564. 1. October. Wien.** Decret an die Verordent ainer ersamen *Landtschafft in Österreich vnder der Enns*, das sy ain verzaichnuss der ansehnlichsten Landleutt vnd der infulirten Prelatten, so zu der Khai. Exequien zu erfordern wären, vbergeben wöllen. *Fol. 553 a.*

239. **1564. 1. October. Wien.** An *Georg Ilsung*, Lanndvogt zu Ober vnnd Nider-Schwaben von wegen Continuierung seines Diensts.

(Ilsung versprach dem geheimen Rath und Dr. der Rechte, Georg Giennger, seine Stelle als Landvogt bis zu dem nächsten Reichstag behalten zu wollen, worüber ihm das kaiserl. Wohlwollen ausgesprochen und ihm gesagt wird, dass er nicht Ursache haben solle seine weiteren Dienste vom österr. Hofe abzuziehen, auch werde er am nächsten Reichstag zum Reichsrath gezogen werden.) *Fol. 554 a.*

240. **1564. 2. October. Wien.** An die *Oberösterreichisch Regierung* vnnd Camer, das sy ain Muster des weissen Marmelstains von Khaiser *Maximilians begrebnuss* zu Insprugg bey aigner possl herab schickhen wollen.

(Es soll auch zugleich berichtet werden, mit welchen Unkosten der genuesische Stein (s. S. 247) bis nach Innsbruck gebracht worden sei.)
Fol. 555 a.

241. **1564. 2. October. Wien.** An *Ertzhertzog Ferdinand Wilhalmen*, Georgen Gienger zu Irer Mt. Hof-Camer Rath zu erlassen.

(Da Georg Gienger um Entlassung aus dem tirolischen Kammerrath gebethen, weil ihm und seiner Hausfrau die „Tyrolisch Lufft nicht zymen wolle", wird der Erzherzog ersucht, ihn seiner dortigen Dienste zu entheben und ihm zu erlauben an den kaiserlichen Hof zu ziehen.) *Fol. 555 b.*

242. **1564. 3. October. Wien.** Decret an die Herrn (vom) *Hofkammerrath*, betreffendt die erkhauffung der Wein vom *Georgen Langen* für die Khay. Mt. vnd dann *Georgen Albani* halben.

„Nachdem Georgen Lanngen zu Speyr, in jeczigen Wein-Lesen an Gennsfuesser-Rein- vnnd Bör-Wein, auch Phederschamer für Ir Khai. Mt. einzukhauffen eingeladen worden, dass sie demnach Im, Georgen Lanngen auf sein erfordern, so uil Gellts alls er zu demselben bedurfftig, richtig machen vnnd damit versehen wöllen."

(Ferner soll der Befehl an die ungarische Kammer ergehen, dem Secretär Georg Albano, den ihm vom 1. Jänner ausstehenden Sold zu bezahlen, und zwar in die Hände seines Dieners **Daniel Meurls**, welchem überdiess „ain Stuckh guett schwarcz Leidisch oder Schepps-tuechs" zugestellt werden, welches er mit nach Ofen hinabnehmen soll, damit „des Albani gesindt zu claiden in die Clag" ¹). *Fol. 557 a.*

243. 1564. 5. October. Wien. Decret an die Herrn (vom) *HofCamer-Rath* per *Orttenburg* wegen der Mülstetterischen Phandtbrieff.
Fol. 558 a.

244. 1564. 6. October. Wien. Der Herren Khai *Hofreth* Bedenkhen auf der S. D. geneedigists begeern von wegen *Jhan Babtista Cornetin* begeerten Absolution.

(Die Räthe finden, dass Cornetin den Entleibten hinterrüks überfallen und vorsätzlich entleibt habe, auch seien in der Gegend von Gradisch die „Homicidia und Todtschläge so in Schwung", dass der Thäter nicht zu begnadigen sei. Weil jedoch derselbe sich mit des ermordeten Bruder vertragen und dieser keine Klage gegen ihn erhob, der Vater des Thäters dem Hause Österreich auch gute Dienste erwies und er selbst sich an den Gränzen redlich und wohl verhielt u. s. w. so steht es bei der fürstlichen Durchleuchtigkeit ihn zu absolviren etc. etc. N. die khaiserlichen Hofräthe.)
Fol. 558 b.

245. 1564. 6. October. Wien. An die *Statt Vlm* auf ir zwai Schreiben von wegen zwaien vnderschidlichen Comissionen zwischen den Ambtleutten in der Marggrafschafft *Burgaw* vnd der *Herrschafft Kirchperg*, Anndtwort. *Fol. 559 a.*

246. 1564. 6. October. Wien. An *Ertzhertzog Ferdinanden* mit vberschickhung der von *Vlm* zwai Schreiben, die Comission zwischen den Ambtleutten der *Marggrafschafft Burgaw* vnd *Herrschafft Kirchperg* betreffendt. *Fol. 559 b.*

247. 1564. 6. October. Wien. An *Landtshaubtman in Marhern*, das er ain verzaichnuss der vermüglichsten Landtleutt, vnnd dan der Prelaten aus dem Marggrafthumb Marhern, welche zu der Khaiserlich Exequien zu gebrauchen wören, vberschickhen wöllen. *Fol. 560 b.*

248. 1564. 7. October. Wien. An die *Fugger zu Augspurg*, die 4500 fl. Rh. so *Pedro de Ordogna* für die Römische Khaiserin bey Inen auffgebracht, betreffendt.

---

¹) Wegen des verstorbenen Kaisers Ferdinand.

„Maria von Gottes Genaden Römische Khaiserin auch zu Hungern vnnd Behem Khunigin. Wiewoll wir Euch zu Aussgang des Monatts Septembris negsthin die 4500 Pfundt Reinisch, welche vnnser Pheningmaister Pedro de Ordognia, in vnnserm Namen bei euch aufgenomen, enntrichten vnnd ferrer nicht aufzuhallten genediglich genaigt gewesen, so sein vnns doch solche obliegende vnnd merkhliche vnversehene aussgaben vnnder die Haundt gestossen, dass wir wider vnnsern willen verhindert worden etc. etc. so gesinnen wir genediglich an Euch, Ir wollet vnns zu gefallen mit solcher Haubt Suma noch biss zu Aussgang des Monatts Decembris aus dem weeg halten. etc." *Fol. 561 b.*

249. 1564. 9. October. Wien. An *Graf Georgen von Helffenstain*, auf sein Schreiben Antwortt.

(Bestättigung des Empfanges von Helffensteins Schreiben vom 21. September und reichliches Lob über die Dienste die er dem verstorbenen Kaiser leistete. Dann wird auch erwähnt, dass Erzherzog Ferdinand um ihn zum Bleiben zu bewegen (s. S. 217), seinen Oberst Stallmeister den Grafen von Sulcz zu ihm sandte. Der Kaiser gibt sein Wohlgefallen darüber zu erkennen dass er Statthalter bleiben wolle, schliesst aber mit den Worten:)

„Im faal aber du vber alle Hanndlung vnnd fürschleg, je nicht in vnnsern Österreichischen Diensten bleiben vnnd continuiren wolltest (dess wir dir doch in khains weegs getrawen) so wollen wir dich hiemit verwandt, auch destwegen gancz genediglich vnnd ernstlich ersucht haben, das du dich sonnst in khainer anndern Herrschafft Diennste alls vnnser oder vnnsers löblichen Hauss Österreichs, einlassen oder begeben wollest" etc. *Fol. 562 b.*

250. 1564. 10. October. Wien. An |*Ertzhertzogen Ferdinanden*, auf seiner Lieb schreiben, betreffendt *Graff Georgen von Helffenstain*, Andtwortt.

(Derselbe Gegenstand wie zuvor.) *Fol. 563 b.*

251. 1564. 10. October. Wien. An die *Nider-Österreichisch Regierung vnd Camer*, das dem *Otto von Neidegg* der Ratts vnd Camer-Tittl gegeben vnd geschrieben werde. *Fol. 565 a.*

252. 1564. 10. October. Wien. An *Jacoben de la Vega*, Thiergartner in der Newstatt, das er *Gabrielln Pereny* dienner, vier Tendl auss dem Tiergartten daselbst zuestellen wölle.

„Nemblich zwai Pöckhl vnnd zwo Gaiss." *Fol. 565 a.*

253. 1564. 11. October. Wien. An *Ertzhertzog Ferdinanden*, die gejaider der vorderösterreichischen Lande betreffendt.

(Der Kaiser dankt für des Erzherzogs Einladung zur Jagd und hofft er werde sie: „doch mit gepůerender Mass" benützen können, wenn nämlich der gemeine Reichstag noch im Winter zustande kommt, doch wäre auch schon im Februar die Schweinhatz vorüber. Da aber noch ein Reichstag zu Augsburg kommen würde, der nur wegen der „einreissenden Sterbleuff" noch etwas im Zweifel ist, so würden sich Jagden mit dem Rothwild wohl noch fügen u. s. f.) *Fol. 565 a.*

254. **1564. 11. October. Wien.** An die *Oberöstreichisch Regierung vnd Camer*, vmb bericht wegen der Posst zu *Volargna* vnnd *Roverbello*.

(Die Postmeister zu Venedig und zu Trient supplicirten wegen der Posten zu Volargna und Roverbello und es wird ein Bericht über diese strittigen Posten verlangt.) *Fol. 566 a.*

255. **1564. 11. October Wien.** An *Abraham Jörger*, schlesischen Camerrath, das Er sich in Ir Mt. Namen auf *Otto von Zedlicz* hochzeitlichen freuden erscheinen wolle.

(Weil die Trauer um den verstorbenen Kaiser alle Festlichkeiten fern hält, wird Zedliz zu jener Hochzeit gesendet. Die Brautgeschenke wird er durch die schlesische Cammer erhalten.) *Fol. 566 b.*

256. **1564. 13. October. Wien.** Passbrief auf *Alberto de Sandes* Guetter.

(A. de Sandes reist über Villach durch Kärnthen und Steier nach Wien und dieser Pass gilt für seine Diener und Habseligkeiten.) *Fol. 567 a.*

257. **1564. 13. October. Wien.** Decret auf Herren *Hannsen Tschurams* Suppliciern, die Comission betreffendt. *Fol. 567 b.*

258. **1564. 13. October. Wien.** Decret an die Herrn *verordneten in Österreich vnnder der Enns* vmb bericht der Herschafft *Kobelstorff* halben. *Fol. 568 a.*

259. **1564. 13. October. Wien.** Decret an die Khaiserlichen *Hofrath*, das sy den *Paxner* vnd *Franczen Ficzin*, auf ainen bestimbten tag verhören wollen, vnd wie sy die sachen baiderthaills befinden. Ir Khai. Mt. berichten. *Fol. 568 b.*

260. **1564. 14. October. Wien.** An *Abbt zu Mölckh* das er *Michl Mandler*, des Gottshauss Mölckh Erznei Doctern vber sein gehabte Bestallung ainhundert fl. Rh. fur all sein ferrer anforderung aus des Gottshauss gefelln beczallen wölle. *Fol. 569 a.*

261. 1564. 15. October. Wien. Passbrief für *Doctor Adrian Albin* auf vier oder sechs Vasz Wein. *Fol. 569 b.*

262. 1564. 15. October. Wien. Decret an *Statrichter* allhie, das er nach des *Doctor Zoppl's* diennner *Paul Mulawer* genandt, greiffen vnd biss auf Irer Mt. ferrern beschaid behallten lasse. *Fol. 569 b.*

263. 1564. 15. October. Wien. Decret an *Bischof zu Fünffkirchen*, per *Tschuram*.

(Dass die Commission zwischen Herrn Hannsen Tschuram und Niclas Olaschaczer ihren Fortgang habe. Weil jedoch die zwei dazu genommen ungarischen Commissäre, der Bischof von Erla und Mercy wegen der Rechtstage zu Presburg die Commission nicht abwarten können, so werden Pethew Janusch und Tureckh statt ihrer ernannt etc.)
Fol. 570 a.

264. 1564. 15. October. Wien. Der Khai. Mt. Resolution auf der N. Ö. Regierung übergebenen Bericht der Sterbleuff halben.

(Diese Sterbläuff sind vorzüglich in Steyr. Da auf den jetzigen Kremsermarkt von allen unsichern Orten Leute ankommen und also eine Krankheit einreissen und sogar nach Wien kommen könnte, werde darauf angetragen diesen Markt nicht abzuhalten.)

(Zum andern wird befunden dass keine Ordnung mit der Säuberung der Stadt Wien gehandhabt werde und dass man jedermann ungefragt herein kommen lasse, wesshalb hierüber das Nöthige zu handhaben sei.)
Fol. 570 b.

265. 1564. 15. October. Wien. Schuldverschreibung gegen *Wolffen Paller* per 10.000 fl. Reinisch.

„Wir bekhennen etc. dass wir recht vnnd redlich schuldig worden sein vnnserm l. getr. Wolffen Paller zu Augsburg 10.000 fl. Rh. auf ein gannzes Jar, gegen acht vom Hundert Interesse" u. s. w. *Fol. 571 b.*

266. 1564. 17. October. Wien. An *Lanndtshaubtman vnd viczdom ob der Enns*, vmb Rath vnd guettbedunckhen, von wegen des Closters zu Lincz.

(Die Landschaft ob der Enns will im Kloster zu Linz ein Landhaus bauen, der Landeshauptmann soll darüber Bericht erstatten.) *Fol. 572 a.*

267. 1564. 17. October. Wien. *An denselben*, vmb bericht auf *Melchiorn Walters* Supplication vmb die Predicatur des Khaiserlichen Newen Spitals zu Wells. *Fol. 572 b.*

268. **1564. 15. October. Wien.** Vermanung an die *Niederösterreichische Regierung vnd Camer* das sy iren bericht vnd guettbedunkhen auf der *Landtschafft in Österreich ob der Enns* etliche vbergebene beschwar-artiggl fürdern wollen. *Fol. 573 a.*

269. **1564. 17. October. Wien.** An *Christoffen Khuttenfelder, Salomon Vogten, Andreen Saxn* vnd *Mathesen Stubenvol,* das sy sich neben *Andree Teufl* in der *Ficzinischen* Comission gebrauchen wollen. *Fol. 573 b.*

270. **1564. 16. October. Wien.** An *Andreen Teufl,* mit Überschickhung der Comission in der *Ficzinischen* sachen, vnd das er sich auch darzue guetwillig finden lassen wolle. *Fol. 573 b.*

271. **1564. 17. October. Wien.** Comission auf *Andreen Teufl, Christoffen Khiettnfelder, Salomon Vogten, Andreen Sagsen* vnd *Mathesen Stubenvoll,* in der *Ficzinischen* Sachen.

(Die Herren werden zu Commissarien ernannt und sollen sich zu Ficzin nach Merkenstein begeben, um in dieser Angelegenheit Amt zu handeln und „notturftige Inquisition" vorzunehmen.) *Fol. 574 a.*

272. **1564. 16. October. Wien.** An die *Regierung zu Enczisshaim,* das sy *des Schwanbachs Guetter* in Guetterverwarung nemen wollen.

„Vnns hat vnnser lateynischer Hofsecretary Johann Andree von Schwanbach, zu uersteen geben, wie das khurcz verschienen Tagen sein eeleibliche Muetter, weillendt Maria von Schwanbach, nachdem sy khurcz darfür bey diesen Sterbleuffen von Freyburg gewichen, vnnd Ir Sicherhait zu Newenburg im Praissgau gesuecht; mit Tod abgangen; vnd in baiden Orten etc. allerlai anliegender vnnd farender Haab etc. hinder ir verlassen."

(Da nun diese Güter mit unwidersprechlichem Recht dem Schwanbach zugehören, dieser aber wegen seiner Geschäfte nicht reisen kann, soll alles unter Siegeln verwahrt, beisammen gehalten werden etc.) *Fol. 575 a.*

273. **1564. 16. October. Wien.** An *Leopolden Thumegger,* das er sich auf des *Ficzins* verrer eruordern in seiner pauwrshanndlung, als ain erkhiessler unpartheyischer Richter gebrauchen wölle.

(Thumegger soll als Richter in der Ficzinischen Angelegenheit wieder einen Rechtstag einsetzen und hierzu die verordneten Beisitzer von Newstat, Baden, Ebenfurt und Gompoldskhirchen zu demselben einladen.) *Fol. 576 a.*

274. **1564. 16. October. Wien.** An *Ertzherzog Ferdinanden, Georgen Illsung* betreffend.

„Nachdem vnns allerlai wichtige sachen, oben zu Lannde vnnd sonnderlich aber zu Augspurg vor vnnd nach negstkhommftigen Reichstage furfallen werden, zu deren Verrichtung wir aber niemand pesser vnnd tauglicher als Ewr Lieb Lanndtvogt in Ober- vnnd Nieder-Schwaben, Georgen Illsung zu Traczberg, erachten, so sein wir bedacht mit ime desshalben ain Ilanndlung zu pflegen."

(Der Erzherzog wird desshalb ersucht, dem Illsung zu erlauben, dass er nach Wien reisen dürfe.) *Fol. 576 b.*

275. **1564. 16. October. Wien.** An *Frantzen Ficzin*, das er sich auf den 20. Octobris vor dem Khay. Hofrath stellen, vnd der verhör zwischen ime vnd dem *Paxner* statt geben wolle. *Fol. 577 b.*

276. **1564. 16. October. Wien.** Item Decret an *Jacoben Paxner*.
(Zu demselben Gegenstand gehörig.) *Fol. 578 a.*

277. **1564. 18. October. Wien.** An Herrn *Hansen von Weissbriach*, das er auf des Herrn *Hansen Tschorambs* ersuchen, seine vnderthonen geen Khoblstorff, für die verordneten Comissarien schickhen, vnd was inen, der Herrschafft Khoblstorff vnd Landsee der Granitz halben bewusst, auszsagen lassen wölle. *Fol. 578 a.*

278. **1564. 18. October. Wien.** Comission auf *Helfrichen, Freyherrn von Rheinach* vnd *Lorentzen Khirchhamer*, die strittig Granitzen der Herrschafft Khoblstorff vnd Landsee betreffendt, zwischen *Hansen Tschorm* vnd *Bischoven zu Gran*.
(Zu dem Vorigen gehörend.) *Fol. 578 b.*

279. **1564. 18. October. Wien.** An *Hansen von Weissbriach*, dass er alls ain Zeug der strittigen Granitzen der Herrschafften Khobelstorff vnd Landsee khundschafft vor denen verordneten in der Sach Comissarien geben wölle.
(Zu demselben Gegenstand gehörig.) *Fol. 579 a.*

Item an *Christoffen Teufl*.

280. **1564. 19. October. Wien.** An *Ertzhertzogen Ferdinanden*, befürderung für den Jungen von *Landegg*, ine in dero diennste anzunemen.
(Nachdem der Vater dieses Landeggers, weiland Friedrich von Landegg, schon unter Maximilian I. als ein „fürnemer Lanndtman im vorder-österreichischen Fürstenthumb Preissgaw angesessen" und ein redlicher Rath und Diener war, und das treffliche Geschlecht derer von Landegg noch

von uralten Zeiten her, den Grafen von Habsburg nützliche und ritterliche Dienste leistete und ihretwegen ihr Blut vergoss, so dass ihre Posterität aller Gnaden würdig ist; fand sich „nächstgewesene Khay. Mt. vnnser geliebter Herr vnnd Vatter" bewogen, den Jungen von Landegg an den Hof zu ziehen und zu erhalten, wo sich dieser züchtig, still und ordentlich verhielt. Da derselbe nun „Ewr Lieb als seinen natürlichen Herrn und Landesfürsten anerkennt und Euch zu dienen wünscht" etc. etc., so wird derselbe auf das beste anempfohlen.)
Fol. 579 b.

281. **1564. 1. October. Wien.** An *Burggrauen zu Comorn, Hansen Taczgern,* das er 26 neugefangene Hausen hieher schickhen wölle.

(Da jetzt, im October nämlich, der Hausenfang angeht, sollen diese Fische zum Einsalzen hergesandt werden.) *Fol. 580 b.*

282. **1564. 29. October. Wien.** An *Ertzhertzogen Ferdinanden,* mit vorschickhung ainer Abschrifft von der Khay. Mt. hochlöblichster gedachtnus hinderlassnen Testament. *Fol. 581 a.*

283. **1569. 21. October. Wien.** Passbrief auf die Schiff, so mit den Hirschen nach Insprugg geschicklt werden.

„Nachdem wir etc. auf ainem grossen Schif elliche lebendige Hirschen vnnd aunder wildprätt sambt ainer anhangenden Zilln mit Habern vnnd annderer Notturfft zu ermellten Wildtprett gehörig, von hier auf dem Wasserstromb in die fürstliche Grafschafft Tyrol abgefertigt." —

(So sollen diese zwei Schiffe ohne Maut und Zoll passirt werden.)
Fol. 581 b.

284. **1564. 22. October. Wien.** Decret an der *Jesuitten Collegii Rector* (allhie:) das sy die behausung so weillendt die vorige Khay. Mt. pro scola Nobilium erkhaufft, auf negst khunfftige Weinnachten gewisslich abtretten. *Fol. 582 a.*

285. **1564. 24. October. Wien.** An die *Statt Augspurg,* das sy *Anthonio Marcello* von Venedig, zu erlangung seiner ausstendigen Schuld bey den *Crafftern* daselbst, alle gebuerliche aussrichtung verschaffen wölle.

(Die beiden Schuldner sind Christoph und Jackob Craffter.)
Fol. 582 a.

286. **1564. Das Datum fehlt.** Pasprief auf *Khaterina Schindlin,* in das Reich.

(Schluss fehlt.) *Fol. 582 b.*

287. **1564. 30. October. Wien.** An die *Oberösterreichisch Regierung vnd Camer*, der vberschickhten Garttsee frücht ¹) Anndtwort.

„Wir haben Ewr schreiben, so ihr vnns bey des Zöllners zu Rofreidt Diener, Hannsen Prelln, gethan, sambt den Garseefrüchten vermüg der Nr. vnnd verzaichnuss ganz frisch vnnd wol bewart emphangen" etc. *Fol. 589 a.*

288. **1564. 31. October. Wien.** An die Khai. Hofrethen, Herrn Doctor *Georgen Eder* vnd *Maximilian von Dornperg*, das sy den *Stelldorfe* vnd (die) *Cöllnpergerin* auf ainen bestimbten tag für sich eruordern vnd di in irem stritt vnnd irrung, freundtlich in der guett vergleichen wölln. *Fol. 589 a.*

299. **1564. 31. October. Wien.** An Herrn *Michaeln von Eiczing*, da er sich auf den 13. Novembris vor dem Khai. Hof. Rath erscheinen vnd der guetlichen handlung zwischen ime vnd des Herrn *(Ulrich) von Eyczing* nachgelassnen Sunen abwartten wölle. *Fol. 589 b.*

300. **Ohne Datum.** An Herren *Blasi Khüen*, die Ablösung der Herrschafften, so Herrn *Hannss Jacob Fugger* etc. pfanndtweiss inn vorder lannden innen gehabt, betreffendt.

(Da Erzherzog Ferdinand, die an H. J. Fugger, Herrn zu Kirchberg und Weissenhorn verpfändeten Herrschaften in den vordern Lannden wieder auszulösen wünscht, soll Bl. Khün schriftlich berichten, was es mit dieser Ablösung für eine Bewandtniss habe.

Weil aber Fugger dem Freiherrn Leonhard von Harrach d. ält. geh. Rath, Kämmerer und Obersthofmeister, 20.000 fl. Rh. schuldig ist, so wolle Khün sein Gutachten darüber geben, wie Harrach bei dieser Gelegenheit wieder zu dem Seinigen gelangen könne.)

(Der Schluss fehlt.) *Fol. 590 a.*

301. **1564. 2. November. Wien.** An die *Hertzogin von Lottringen*, des gehabten mitleidens mit weilendt Khais. Ferdinanden tödtlichen Abgangs, vnd glückhwünschung Irer Mt. eingetrettne Administration.

(Dankschreiben, welche sowohl für das was der Graf von Salm mündlich aussprach, als für jenes was der Brief enthielt.) *Fol. 593 b.*

302. **1564. 2. November. Wien.** An Herren *Lanndtschreiber Inn Behemb*, das er der von *Trawtenaw* ablösung, zu der Römischen Kaiserin Camer befürdern helffe.

---

¹) Früchte vom Gardasee; vermuthlich Citronen, von der Stadt Limon, wo sie auf grossen Terrassen gebaut werden.

„Maria, von Gottes Gnaden Römische Kayserin, auch zu Hungern vnnd Behem Khunigin etc."

(Nachdem sich die von Trautenau zur Ablösung an die Kammer der Kaiserin erbothen und sich desshalb auch bei dem Kaiser gemeldet hatten, erhält der Landschreiber den Auftrag, diese Ablösung zu vollziehen.)

Fol. 594 a.

303. 1564. 6. November. Wien. Decret an *Bürgermaister* vnnd Rath alhie zu Wienn, das sy zu guettlichen Vergleichung zwischen *Hanns Bair* vnd *Johann de Monte*, etliche schidliche Personen zu Comissarien verordnen wöllen.

(Hanus Bair, Drüxl genannt, von Klattau in Böhmen und Hanns de Monte, Bürger zu Wien, sollen wegen ihrer Streitigkeit verhört und diese, wo möglich, in Güte beigelegt werden.) *Fol. 597 a.*

304. 1564. 8. November. Wien. Passbrief auf hundert ailff Emer wein für Ir Mt. Hofhaltung.

(Die 111 Eimer werden dem Kaiser von Freiherrn Franz Bathiany (Buthiany) übersendet und sind mauthfrei zu passiren.) *Fol. 597 b.*

305. 1564. 8. November. Wien. An *Wilhelmen Gienger*, der Kay. May. Hof-Camer Rath, das er sich zu seinem Hofcamer Rathdienst an den Kay. Hof verfuegen wölle.

(Erzherzog Ferdinand entliess (s. Nr. 241) der W. Gienger aus dem tirolischen Kammerrath, und desshalb wird auch an den Kammerrath der oberösterreichischen Lande geschrieben, damit sich Gienger ohne Verzug nach Wien begeben möge.) *Fol. 598 a.*

306. **Ohne Datum.** An die *Regierung vnd Camer inn Tyroll*, das sy *Wilhelm Giennger* zu seinem Hof Camer Rathdienst fürderlich abferttigen wöllen.

(Zu dem Vorigen gehörig. — Schluss und Datum fehlen.)

Fol. 598 b.

307. 1564. 8. December. Wien. Passbrief auff der Fürstlichen Drchl. *Ertzhertzog Carlun* Fuettermaister per aussbringung wägen zu Irer Dh. aufpruch.

(Zur Reise nach Steiermark.) *Fol. 643 a.*

308. Decret an *Bischoff zu Fünnffkhirchen.*

(Das Blatt ist leer gelassen, vermuthlich sollte das Schreiben nachgetragen werden und wurde später vergessen.) *Fol. 643 b.*

309. 1564. 8. December. Wien. Decret an *Herrn Pögel* seine friaulische Hanndlung betreffendt.

(Freiherr Andreas von Pögel ersuchte, ihm die friaulischen Acten zuzustellen, was ihm jedoch verweigert wird, da dieselben Pögel's eigene Aussagen enthalten und er sie dazu benützen könnte, daraus zu sehen, was er gesagt habe oder nicht.) *Fol. 644 a.*

310. 1564. 8. December. Wien. Decret an die *Nider-Österreichisch Regierung*, vermanung des begert guetbedunkhen, die von der Pruckh (an der Leitha) vnd Herrschafft Altenburg wegen des Neunten aus den Weingarten etc. betreffend, zu fürdern. *Fol. 644 b.*

311. 1564. 9. December. Wien. An *Landtshaubtmann ob der Enns*, die von *Kirchdorff* betreffendt Anntwortt.

„Wir haben dein Schreiben vom 23. Nov. betreffendt die von Kirchdorff, das sich dieselbigen vnndersteen sollten, die Kirchenzier vnnd guetter zu iren Hannden zu nemen vnnd aigens gefallens zu uerkauffen vnnd zu verwennden, emphangen, vnnd dieweil vnns dann zuzusehen vnnd zu gestatten nicht gemaint, so wirdest du demnach von Ambt vnnd Oberkhait wegen, vnnd damit berüerter Kirchen zu Nachtheil nichts gehanndlt noch auch anndern dardurch, gleichfalls also zu thun, Exempel gegeben werde, ernstliche vnnd würckhliche einsehung vnnd wenndung zu thun wissen," etc. *Fol. 645 a.*

312. 1564. 10. December. Wien. An *Lanndtshaubtmann ob der Enns*, von wegen besuechung vnd aufwartung des Lannd-Rathdiennsts durch *Adamen Hofman*. *Fol. 645 b.*

313. 1564. 11. December. Wien. An *Orator zu Venedig*, Anntwort, betreffendt des Capitan *Andree Gromo* Practic mit Sibenbürgen.

„Wir haben deine zwai schreiben vom 25. vnnd 26. Nov: emphangen vnnd daraus deinen Vleiss inn Erkundigung dessen so der Capitan Andrea Gromo mit Sibenburgen hat, und derobalhen auf obhemelltem 25. Novemb. geen Alba Julia geschrieben, nach lenn s genediglich verstanden, Vnnd dieweil vnns etc: etc: an gewisser vnnd aigentlicher erkundigung der sachen merklich vil gelegen, so ist vnnser genediger Befelch an dich, das du also dein vleissige Kundtschafft vnnd nachforschun g, warmit solcher Capitan vnnd sein Annhang vmbgehen, wem sie auch Brief zueschickhen, vnnd was sy bey den Venedigern haimblich vnnd offentlich hanndeln vnnd practiciern, halltest vnnd was du jederzeit durch dein fleissig nachforschung in erfarung bringst, vnns vnsaumblich in teutscher sprach zuschreibest" etc. *Fol. 646 a.*

314. **1564. 12. December. Wien.** An Richter vnd Rath zu Waidhoven an der Yps, die Kay. Mayt. zu berichten ob der *Abbt zu Mölckh* [1]) eelich verheyrat oder nit.

„Nachdem vnns fürkombt, wie das der jetzig Abbt zu Mölckh ain eelich weib genomen, vnnd sich mit derselbigen bei Euch zu Waidhouen offentlich zusammen geben haben lassen sollte, so ist vnnser genediger Befelch an Euch, das Ir vnns sollliches (ob dem also oder nit) vertrewlich berichtet, vnnd im faal Euch darum nichts bewusst, desselben inn der Still erkundiget, daran thut Ir vnnsern willen vnnd mainung." *Fol. 646 b.*

315. **1564. 12. December. Wien.** An *Orator zu Venedig*, Anntwort, des *Galeatzo Fregaso* fürschleg vnnd Practic betreffendt.

„Lieb: Getreuer, Dein schreiben vom 18. Nov. betreffend dess Galeazo Fregoso fürschlag vnnd Practiggen, haben wir woll emphangen etc. auch darauf der sachen genedigelich nachgedacht, aber bey vnns gar nicht im Rath befinden kunden, dass sollcher Practigg gehör zu geben, oder sich im allerwenigisten damit einzulassen sey, derwegen ist vnnser genediger befelch an dich, das du durch alle fuegliche Mittel vnnd weeg, den bemelten Fregoss dahin weisest, damit er die sachen inn Rue stellen, vnnd sonnderlich desshalben ainiche Raiss zu vnns furzunemen nit vnndersteen wölle, dann wir kunden vnnd gedenckhen, vnns solchen Werkhs gar mit nichten zu beladen, darumben wir auch ime, Fregoso, nicht gern vergeblich herauss sprengen vnnd ime zu vngeduld vnnd beclagung vrsach geben wollten" etc. etc.

„Vnd wöllen Dich aber nochmalen ersucht haben, dass du nicht destweniger auf solche Practiggen (ob dieser oder der ander Fregoss, dieselbe vielleicht nochmalen auf anndern weeg, es sey mit oder one verwanndnuss des **Herczogen von Florencz** vnndersteen wurde) dein vleissige Achtung gebest, darauf guete kundtschafft machest vnnd was zu jeder Zeit inn erfarung bringst, vnns, zu vnnsern aignen Haunden in teutscher Sprach schreibest vnnd berichtest." *Fol. 647 a.*

316. **1564. 13. December. Wien.** An *Herren von Pollweil* vnnd die *Regierung zu Ensishaim*, das sy sich des aussgangnen befelchs vom *Kunig aus Franckhreich* die angemasste Superiorität der dreyer Stifft, *Mecz, Tull* vnnd *Verdum* erkundigen vnnd solchs Ir Mayt. berichte.

(Herr von Pollweil hatte schon lange nicht geschrieben und wird ersucht die neuen Zeitungen durch die wöchentliche ordinäre Post zu Rheinhausen

---

[1]) Urban I. Pernlutz, gewählt 1564, noch nicht 30 Jahre alt. Maximilian II. leitete eine gerichtliche Untersuchung gegen ihn ein. S. Kaiblinger, Geschichte des Benedictinerstiftes Melk. I Bd. S. 769 u. 773.

mitzutheilen. Das Schreiben an die Regierung zu Ensisheim wird ihm dann in Gnaden anvertraut, wie folgt:)

„Vnnd wöllen dir hiemit inn genedigem vertrawen nicht verhallten, das vnns (die) Copij aines Befelchs, so der Khunig zu Frannckhreich, den 11. Octob. nechstverschienen, an seinen Gubernator zu Mecz, von wegen der dreyen Stifft Mecz, Tull vnnd Verdum, ausgeen haben lassen solle, zukommen, inmassen du solches ab innliegender Abschrifft weitter zu vernemmen. Wann vnns nun dasselbe für ain sonnder grosse Newrung ansicht, inn Erwegung das wir nie gehörtt, das die negst vorigen Khunig zu Frannckhreich, sich jemallen der Superioritet vber die bemelten drey Stifft angemasst, wie vnns dann auch noch woll einngedenckh, das Bischoff von Verdun im verschienen 63. Jar von vnnserm geliebten Herren vnnd Vattern, der vorigen Khay: Mt: mildeglich zu gedenckhen, in vnnserm beisein, zu Innsprugg, die Regalia desselben Stiffts, emphangen, auch erst newlicher tagen bey vnns, vm ain Indult, seines jeczt ferrern schuldigen Emphahens halben, angehalten, wie wir Im dasselbige auch genediglich bewilligt, sonder es nie annderst verstanden, alls die baid vorigen Khunig zu Franckreich, sich allein (gleichwoll vermaintlich vnnd aigenthetlich, aller gebür zuwider) der ermelten Stett, sonnderlich aber der Statt Mecz, anzumassen vnnderstannden, vmb souil mer verwunderlich vnd befremdlich kombt vnns dise Newrung für. Damit wir nun der Sachen aigentlichen vnnd gewissen Grundt erlanngen, so ist vnnser genedig begern an dich, das du der sachen, wie du aller gelegenhaitt nach zu thun wol waisst, also pald mit vleiss nachfragest vnnd nicht allain inn gewisse erfarung bringest, ob diser obgemeldt befelch, vermueg der Copei also aussgangen, sonder auch, was darauf weitter inn der volziehung eruolgt sey, vnnd noch fürbass hin eruolgen werde, damit wir vnnserm vorigen Kayserlich Ambt nach, den Dyngen ferner dest fuegsamer weitter der gebür nach, zu denckhen wissen. Vnnd wöllest solches, souil Imer müglich fürdern, wie du dann vns auch zu sonndern gefallen hanndelst, wo du vnns auch sonst von dergleichen vnnd anndern französischen Henndlen vnnd Practiggen, was allmalen, an dich gelanngt, durch deine gehorsame vertrauliche schreiben tailhafftig machest" etc. *Fol. 647 b.*

317. **1564. 14. December. Wien.** An *Abbt zu Hirschfeld*, Fürschrifft für *Hannsen Debner*, damit ime das Brobstey-Lehen sein lebenlanng im bestanndt gelassen werde.

(Dieses Lehen ist in der Grafschaft Schwarzburg, eine Meile von Sondershausen gelegen und der Zins nur von Vorwerk und den dazu gehörigen Äckern und der Schaftrift, so wie hier und da vom Getreide zu erheben.)
Fol. 649 a.

318. **1564. 14. December. Wien.** An *Ertzhertzog Ferdinannd*, betreffendt die Wein, so in weillendt Khais. Ferdinand Keller gefunden worden.

(Es wird dem Erzherzog das Verzeichniss der Weine mitgetheilt, die im kais. Keller zu Prag gefunden wurden, und gewünscht, dass sie beisammen liegen bleiben, bis der Kaiser und der Erzherzog nach Prag kommen.)
Fol. 650 a.

319. 1564. 14. December. Wien. An *Bernharden Herrn von Tscheratin,* Forderbrieff.

(Tscheratin [Zierotin] hat sogleich nach Empfang des Schreibens am kaiserlichen Hofe zu erscheinen.) *Fol. 650 b.*

320. 1564. 14. December. Wien. An *Saltz-Ambtman zu Gmunden,* Recepisse.

(Empfangsbeslättigung des erhaltenen Schreibens und der begehrten Fische.) *Fol. 650 b.*

321. 1564. 15. December. Wien. *Paulsen Spiessen* vrkunndt seines diennsts vnnd Ambts-Raittungen.

(Dem Paul Spiess wird bezeugt, dass er zuerst als Futterschreiber dann als Sumelier, und später in der Verwaltung der Pfenningmeister- und Hofcontrolor-Ämten sehr gute Dinste that und vollkommen Rechnung ablegte.)
Fol. 651 a.

322. Hof-Contralors-Instruction.

Instruction vnnd verordnung, wie vnnd welcher massen vnnser Hof-Controlor-Ambt jeczundt vnnd hinfüran gehanndelt vnnd verricht werden syll.

Erstlich, nachdem wir vnnsern Khuchlmaister, auch Khuchlschreiber, Einkhauffer, Khellerschennckh, Liechtcamerer, Fuettermeister vnnd Fuetter schreiber, jedem insonderhait, schrifftlich Instruction vnnd Ordnung gegeben, wie Sie Ire Ämbter handen vnnd versehen sollen, gemelter Hof-Contralor von denselben Instructionen, Abschrifften zugestellt worden, damit er derselben lauter Wissen hab vnnd sich gegen angeregten Offizieren, in dem so ime vnnd seiner Instruction aufgelegt, vnnser Verordnung gemäss halten vnnd richten mug.

Vnnd gedachter Contralor soll sein vleissig aufmerkhen haben, das Khuchlschreiber, Einkauffer, Khellerschennkh, Liechtcamerer, Fuettermaister vnnd Fuetterschreiher, ir jeder sein Ambt nach Inhalt bemelter Instruction vnnd verordnung trewlich vnnd mit vleiss versehe und auoowartte.

Vnnd dieweil gedachten vnnserm Khuchlschreiber, Einkauffer vnnd Khellerschennkh, in irer Instructionen aufgelegt ist, das sy alle Tag irer Hanndlungen vnnd Aussgaben, ime Contralor-Tag-Zetteln, wie es dann in vnnsers Khuchlmaisters Instruction auch gemellt wierdt, vbergeben, solle er, Contralor, solch Tag-Zettln also alle Tag von denselben Offizieren, jedem insonderhait emphahen vnnd annemen, dieselben aigentlich vberlegen vnnd besehen, ob ir Hanndlung vnns jederzeit zu nucz vnnd notturfft beschehen, auch allbey erkundigung vnnd sonnderlich alle Zeit, sein fleissig Aufmerkhen haben, auf alle Gattungen vnnd Sachen in Kheller vnnd Khuchen, das die dermassen, wie durch die Offiziers-Raittung eingelegt, vorhannden seyen, vnnd zu vnnserer notturfft dargegeben vnnd gebraucht werden.

Vnnd sonderlich soll er darob sein, das dem Mundtkhoch der Zugger vnnd gewürezt, durchs gannez Jar nach dem Gewicht aus dem Zergaden, gegen ainen vnderschriebnen Zettl (dieselb alsdann der Khuchlschraiber neben seiner wochenlichen Raittung mit fürbringen soll) überanndtwort werdt.

Dessgleichen soll auch der Contralor, von vnnsern Stall- vnnd der Liecht-Cameroffizieren, ordenliche Wochen-Particular-Zettl empfahen, dieselben wol vnnd vleis- *Fol. 651 b.*

Hier bricht leider die Instruction ab, da die Reste des Copey-Buches nicht weiter reichen.

Verzeichniss der Personen- und Orts-Namen, nebst den Titeln der Behörden u. a. m.

A.

	No.
Aa, Johann von der	173
Abfalter	228
Abt zu Hirschfeld	317
„ zu Melk, s. Perntatz.	
„ zu St. Ulrich zu Augsburg	62
„ zu Vessn (?)	104
Äbtissin zu Erlaa	187
Adolph, Herzog zu Schleswig-Holstein, Aargard und Ditmarschen	208, 210
Albano, Georg, Secretär bei der ungarischen Kammer	242
Albin, Adrian, Dr.	261
Albrecht, Herz. z. Baiern	12, 15, 52
Albrecht, Markgraf zu Brandenburg	5, 128
Albrecht, Jeremias (im Pfenningmeisteramt	151
Altenburg, Ungarisch-	22, 29, 76, 88, 95, 124, 310.
Amady, Peter	214
Annenberg, Arbogast von,	154
„ Barbara von,	154
Anton, Herzog zu Lothringen	190
Antwerpen (Antorf)	33, 65
Arch (Arco), Graf Prospero, Orator zu Rom	171
Arnheim	65
Augsburg	28, 62, 65, 112, 138, 192, 285.
August, Churfürst zu Sachsen	2, 6, 26, 113, 122.

B und P.

	No.
Pachero, Antonio, aus Spanien	11
Baden, Stadt	182
Bair, Hlans, genannt Dräxl, von Klattau in Böhmen	303
Balaschi, Wolf, Mundschenk	9
Palffy, Peter	121
Paller, Wolf, kais. Rath und Bürgermeister zu Augsburg	24, 136, 265
Pallweil, Herr von	316
Parkwitz, Friedrich von,	55
Pardowitz	46
Baren, Margaretha von, geborne Bissendorf	111
Bartel, der Croat (Verbr.)	135, 172
Bascha von Ofen	109
Passau	91, 193
Bathory, Andreas	232
Bathyani (Buthiany), Franz, Freiherr von,	228, 304
Paxner, Jacob	259, 274, 275
Paxnerin (Päxnerin), die	150
Bayr, Balthasar	91
Pereny, Gabriel	252
Pernstein, Wratislaw von, Oberst-Stallmeister	35, 171
Pernstein, Herr von (vielleicht derselbe?)	27, 48
Perntatz, Abt zu Melk (Urban I.)	314
Pethew, Janusch, königl. Commissär	263

	No.
Bettlehemsdorf (Ort)	81
Pettau (Pothaw)	119
Petrowicz, Paul von, genannt Charwäth	69, 70
Pfalzgräfin, Churfürstin Wittib (Schwester der Herzogin von Lothringen)	79
Pfleger zu Munners	40
Philipp, König v. Spanien	157, 161
Bibrach	21
Piemont, Martin von,	71
Pina, Günther von,	228
Bina (Bünau)	37
Bischof v. Augsburg, Cardinal v. Albano u. Probst z. Erlangen	161
Bischof zu Breslau	113
„ „	114, 141
„ von Erlau (Erlaa)	263
„ von Fünfkirchen	263, 308
„ zu Gran	278
„ zu Neutra	146
„ von Osnabrück	111
„ Passau	91
Bissendorf, Schwestern von,	111
Plattner, der, des Churfürsten von Sachsen	98
Plekhensteiner, d. 3 Brüder	41, 147
Pögl, And. Freih. von, 150, 204, 309	
Böhmen	3
Poldrizzer	125
Polheim, von,	207
Pontemousson	190
Boruhradek (Herrschaft)	86
Borzywoy, Burggraf von Dona	224
Botsch, Bartholomäus, zu Aur, Domherr zu Trient	85
Bothschafter von Spanien	99
Poymund, Martin von,	72, 73
Brandenburg	5, 44
Prelln, Hans, Zöllner zu Roveredo	287
Breslau	24, 25, 140
Pressburg	20, 63
Prosinosky, Wilhelm, Probst zu Brünn und Leitmeritz	104

	No.
Prosskowsky v. Prosskow, Freiherr, kais. Kämmerer und Comthur zu Grebnick	215
Bruck an der Leitha	310
Prueckner, Hanns	134
Brusau (Dorf in Schlesien)	113
Bünau, Günther von,	26, 27
Bürgermeister u. Rth. z. W.	195, 303.
Burgau, Eitelhamer von,	62
„ Anna, dessen Hausfrau	—
Burggraf, Oberst, von Böhmen, s. Rosenberg u. Joach. v. Neuhaus	—
Burggraf z. Comorn, s. Taczger	—
„ zu Meissen	86

C und K.

Cäsar, Julius, Kundschafter	78
Kammer, schlesische 24, 42, 69, 70, 78, 87, 95, 151, 222.	
„ von Tirol	233
Kammergericht, kaiserliches	11
Kammerpräsident v. Böhmen	169
Kanzler, Oberster v. Böhmen, s. Rosenberg und Joach. v. Neuhaus	—
Cappenwalderin, Agnes	49, 120
Cardinal von Augsburg	191
Carl V.	190
Carl, Erzherzog, 30, 31, 235, 307	
Carl, Herzog von Münsterberg	115
Keutschach, Leonhard von,	107
Khacz, Jacob v. Khatzenstein, Obereinnehmer in Böhmen 3, 18, 74, 160, 178, 180, 197, 224, 227.	
Khamerknecht, Ulrich, von Bruchsal, Pfarrer z. Schemnitz	143
Charwat, s. Petrowicz, Paul v.,	—
Kheretschin, Ladislaus, zu Nikolsburg	146
Khiettenfelder Christoph	271
Christine, Landgräfin von Hessen	208

	No.
Christine, Herzogin von Lothringen, geb. Prinzessin von Dänemark . . . 79, 80, 190,	301
Christoph, Herzog z. Würtemberg 93, 132,	217
Khuen, Blasius	300
„ Erzbischof z. Salzburg	35
„ Rudolph, von Belasy, kön. Kämmerer, Bruder des Erzbischofs von Salzburg .	35
Churfürst zu Mainz	186
„ von Trier, s. August	—
„ zu Trier . . . 148,	158
Khurzbach, Wilhelm . . .	216
Khuttenfelder, Christoph.	269
Kirchberg (Ort) . . 245,	246
Kirchdorf, die von, . . .	311
Kirchhamer, Lorenz . . .	278
Ciunga, s. Zuniga	—
Klockh, Gottschalk	21
„ Caecilia	21
Kobelsdorf (Herrschaft) 258,	277
Cöllnpergerin (die) . . .	288
Kollonitsch, Seifried von .	26
Kollonitsch (?)	37
Komorn	99
Cornetin, Joh. Baptist . .	244
Kottwitz, Elias	92
„ Elias, Falkenhändler	145
Craffter, die Brüder Christoph und Jacob, zu Augsburg	285
Cramer, Janus	92
Wurzbach, Wilhelm . . 220,	228
Cypro (Cipro) Nicolo Constantino de.	65

D und T.

Taczger, Hanns, Burggraf zu Komorn	281
Dänemark 6,	26
Täxl, Ludwig	52
Tausserin, Susanna . . .	211
Taxis, kais. Hofpostmeister .	51
Debner, Hanns	317

	No.
Denkmal Maximilian's I. zu Innsbruck	240
Teufl, Andreas . . 269, 270,	271
„ Christoph	279
Thanndorf, Balthasar, in Diensten des Freiherrn von Harrach	157
Thay, Franz	4
Thumegger, Leopold . . .	273
Thun, Jacob, Anton v., 154, 155,	156
Thurn (Turn), Franz Freiherr v., Orator z. Venedig 171, 313,	315
Dietrichstein, Adam von, 137, 161, 171.	
Dios, Francisco von Neapel (Selbstmörder)	202
Dona, Wenzel von, . 115, 180,	228
„ Borzywoy, Burggraf von, . . .	224
Topler, Michael (Sträfling)	202
Dornperg, Maximilian von, kais. Hofrath	288
Trautenau, der von, . . .	302
Dreissiger, zu ung. Altenburg 22,	164
Triest	43
Tripett, Claudius, kön. Leibbarbier 130,	131
Trivulzio, Conte Claudio, 32,	170
„ Horatio . . .	170
Tscheratin, Bernhard von, 115, 228, 319.	
Tschernohor, von	115
Tschoram (Tschorn), Hanns, auch Tschuram 257, 263, 277,	278
Tull (in Frankreich) . . .	316
Turczo, Alexius, kön. Vorschneid.	81
„ Hieronymus	82
Thurekh, königl. Commissär	263

E.

Eder, Georg, Dr. und kais. Hofrath	288
Egerer, Colmar	153

	No.
Eiczing, Christoph, Freih. zu Schrattenthal	143, 199
„ Michael von,	299
„ Oswald von,	134
„ Ulrich von,	299
Eisenstadt	17
Eitelhans von Burgau	62
„ Anna, dessen Hausf.	62
Elbogner, Georg	51
Emanuel Philibert, Herzog zu Savoyen und Prinz zu Piemont	19
Embs, Hannibal von,	157, 157b
Ensisheim	16
Erich, König von Schweden	83
Ernst, Erzherzog von Österreich	149
Erzbischof zu Mainz	190
„ zu Salzburg	206
Eynzing, s. Eiczing.	

F und V.

Fahter, Hanns, Stadtrichter zu Wien	23, 49, 167, 202, 262
Valentin (Vallentin), Peter,	38, 119
Famor, Albrecht (Verbrecher)	209
Faschang, Andreas	20
„ Bartholomäus (Verbrecher)	40
Vega, Jacob de la, Thiergärtner in Wr. Neustadt	232, 252
Vels, Kaspar, Freiherr zu, geh. Rath und Kämmerer des Erzherzogs Ferdinand	215
Ferdinand, Erzherzog 51, 53, 213, 217, 230, 235, 241, 246, 249, 250, 253, 274, 280, 282, 300, 305, 318.	
Verdun	316
Verordnete in Österr. u. d. Enns	258
Vicedom zu Linz	187
Ficzin, Franz, zu Merkenstein, 39, 78, 102, 110, 147, 150, 203, 204, 205, 259, 269, 270, 271, 273, 275.	

	No.
Fleischmann, Matthäus,	128
„ Peter, königl. Hofkanzlei-Schreiber	128
Florenzer, Blasius (Eseltreiber)	202
Vogt, Salomon	269, 271
Volargno	254
Francoys, Hanns, Koch der Kaiserin	193
Frassl, Benedict	139
Fregaso, Galeazzo	315
Freiburg, Joachim von,	47
Freisinger, Christoph, von Antwerpen	105
Friczelmair, Thomas, Wildschütze	78
Friedenreich, Hanns	168
Friedrich II. König von Dänemark	83
„ Markgraf von (?)	128
Friesinger, Christoph zu Antwerpen	33
Fugger, Hanns Jacob, Herr z. Kirchberg u. Weissenhovn,	117, 300
Hanns	117
Maximilian	117
an die,	284

G.

Gartner, Hanns (Sträfling)	202
Georg, Friedrich, Markgraf von Brandenburg	44
Georg v. Trient, königl. Lakai.	140
Gera, Erasmus von, kaiserl. Kammerrath, Kämmerer und Hauptmann zu Pettau.	162, 166
„ Wilhelm von,	175
Gorad, Wilhelm von,	34
Geyer, Adam	203
„ Hanns	78
Gienger, Georg, Dr. der Rechte,	239, 241

	No.
G i e n g e r, Wilhelm, tirolischer Kammerrath, dann kais. Kammerrath	32, 67, 72, 73, 118, 154, 156, 303, 306.
Glaser, Maximil. (Verbrecher)	223
Gotsch	228
Greiss, Christoph von, zu Waldt	41
Gromo, Andrea, Capitän	313
Grumbach	26
Gölch, Wilhelm	221
Gundlfinger	8
Guntz, von,	92

H.

	No.
Haag, Graf zum	185
„ Maximiliana Gräfin von, geborne Wallenstein	—
„ Maria und Veronica, ihre Töchter	185
Habsburg, die Grafen von,	280
Hager, Hanns	102
Hagn, David, Pfenningmeister	131, 149
Haimburg	11
Haller, Christoph v. Hallerstein	199
„ von Hallerstein, Wolf, Reichs-Pfenningmeister	10
„ Peter, Zahlmeister	90
Hanau, Graf Philipp von,	143
Hardegg, Graf von,	228
Harrach, Leonhard Freih. v., d. Ältere, geh. Rath, Kämmerer und Obersthofmeister	14, 22, 90, 95, 105, 110, 149, 198, 300
Hasenhaus, das	195
Hasperg, Hanns, v. Oberlaa (Verbrecher)	202
Haugwitz, Wenzel, v. Leitomischl	74
Hauptmann v. ung. Altenburg,	29, 36, 63, 76, 77, 88, 90, 95, 99, 121, 135, 139, 168, 172, 176, 209, 211, 214.

	No.
Hauptmann zu Triest	43
Heinrich, Herzog zu Braunschweig	219
Helfenstein, Graf von, Statthalter v. Ober-Österr.	217, 249, 250
Herzog zu Braunschweig, s. Heinrich	—
„ zu Cleve	148
„ zu Florenz	315
„ von Jülich (Güleh)	221
„ z. Schleswig, s. Adolph.	
„ zu Württemberg, siehe Christoph.	
Herzogin zu Lothringen, s. Christine	
Hessen, Landgraf von,	26
Hodiczky auf Hodicz, zu Mislicz, Hofrichter in Mähren	146
Hörl, Albrecht	76
Hofkammerrath	242, 243
Hofrath, d. gesammte kaiserl.	259
Hohenkirchen, Hanns	39
Holezer, Hanns (Verbrecher)	196
Hoys, Frau von,	126
Huberckh, Friedrich von,	228
Hueber, Jacob	25
„ Ursula	—
Humanay, Stephan	115, 228
Husseck, Philipp v. Neuenhofen	2

I. und J.

	No.
Jamiczer, Wenzel, Silberarbeiter zu Nürnberg	159
Jamniczer, Wolff, Siegelstecher	45
Janusch, die Witwe des	36
Jennitschitz, Lamprecht	50
Igelshofer, Franz, d. Ältere, kais. Rath und ältester Secretär	215
„ Franz, der Jüngere,	—
Illesch, Ferencz, Richter zu Pallasdorf	77

	No.
Ilsung (Illsung), Georg von Taczberg, Landvogt in Ober- und Nied.-Schwaben	208, 239, 274
Innsbruck	32
Jörger, Abraham, schlesischer Kammerrath	255
Johann, Churfürst v. Sachsen	26
„ Bischof z. Osnabrück	111
Jülich, Herzog zu,	26
Julaffy, Ladislaus, kaiserl. Hauptmann zu Tiban	30, 31
Jung, Timotheus, Dr.	13

L.

Landau, Gebrüder v., nämlich: Johann, Lucz, Sigmund u. Achatz	181
Landberg	27
Landegg, Friedrich v., d. Ält. im Breisgau	280
„ Friedrich. d. Jüngere	—
Landeshauptmann u. Vicedom im Lande ob der Enns	54, 100, 179, 184, 231, 237, 266, 267, 311, 312
Landeshauptmann in Mähren	61, 97, 247
Landschaft i. Östr. u. d. Enns	7, 9, 89, 238
Landschaft zu Steyer	30
Landschreiber zu Böhmen	302
Landsee, Herrschaft	277
Landvogt von Schwaben, s. Ilsung	
Lampl, Christoph, zu Bruck a. d. Mur	106
Lang, Georg, königl. Diener zu Speyer	158, 242
Lasso, Don Francisco, Obersthofmeister d. röm. Königin	64
Lebens, Abt von,	60
Leobrick, von,	115

	No.
Leopold, Probst von Klosterneuburg	174
Linkh, Christoph, königl. Hartschier	70
Lindegg, Kaspar, zu Lisanä, königl. Secretär	90
Linz	115
Löben, Kaspar	42
Lodran (Loudran), Graf von, königl. Stablmeister,	66, 67, 125
Lombardo, Nicolò, v. Mailand,	32, 105, 119
Lothringius, Hannibal, Rath und Secretär des Bischofs von Augsburg	191
Lübeck	26, 133
Lux, Sebastian, Zahlmeister	201
Luzeck, Siegmund	86

M.

Mähren	4
Magdeburg	10
Mailand	32
Malta, Grossmeister von,	65
Mandelsloe, der von,	26
Mandler, Michael, Arzt des Stiftes Melk	260
Mannmacher, Mathias, Bildhauer	45
Mannersdorf	40
Marcello, Antonio, v. Venedig	385
Maria, Kaiserin, Königin.	248, 302
Markgraf v. Brandenburg, s. Albrecht u. Georg Friedrich	
Maximilian I.	280
Meissen	68
Mendler, Maximilian	157 b
Menner (Mener), Hanns, Bürger und Stadtkämmerer zu Wiener-Neustadt	153
Merkenstein	39
Metz	316
Meurl, Daniel, Diener des Georg Albano	242

	No.
Molart, Peter von	134
Monte, Hanns de, Bürger zu Wien	303
Mordax, Georg, Dreissiger zu Windischland	38
Morentz, Anton	226
Münsterberg, Carl Christoph, Herzog von	228, 229
Mulawer, Paul, Diener des Dr. Zoppl	262

N.

Negelerin, Amalia	186
Negro, Lorenz de,	8
Neudegg, Andreas von,	126
„ Otto v., Rath und Kämmerer	236, 251
Neuenhofen	2
Neuhaus, Joachim, Herr von, Oberster Kanzler v. Böhmen	18, 46, 74, 86, 95
Neustadt, Wiener-	64
Niederlausitz	1
Niederländer, Georg, königl. Hartschier-Fourier	36, 211
Notthafft, Hanns, z. Aholing,	185
Nürnberg	144

O.

Oberster zu Komorn	109
Ochs, Peter	6
Ödenberger, Georg (Verbrecher)	202
Ödenburger, Georg (Verbrecher, vielleicht derselbe?)	196
Olaschaczer, Niklas	263
Oppersdorf, Georg v., Freiherr v. Aich, Röm. k. Rath u. Hauptmann v. Ratibor	69, 70
„ Hanns, Freih. auf Aich und Friedstein	114, 218

	No.
Orator z. Rom, s. Arco, Graf v.	
„ zu Venedig, s. Thurn, Freiherr v.	
Ordogna, Pedro de, Pfenningmeister der Kaiserin	248
Orso, Bernardino, Bürger zu Triest	43
Orttenburg (Ortenburg)	243
„ Carl, Graf von,	185
„ Joachim, Graf von,	12, 15, 185
„ Graf von, Freih. zu Freienstein u. Karlsbach	163, 164
Oskerowsky	115

R.

Raab	99
Rauber, Eberhard, zu Plankenstein auf Petronell	89
Rector des Jesuiten-Collegiums zu Wien	284
Regácz	129
Regensburg	75
Regierung zu Ensisheim	272, 316
„ und Kammer von Oberösterreich	240, 254, 287.
„ v. Niederösterr.	125, 180, 188, 196, 199, 231, 251, 268, 310.
„ von Tirol	66, 159, 306
Regulus, Bartholomäus, Archidiakon	141
Reichenpach, Georg	96
Reinach, Helfrich, Freih. von,	278
Rembsler (Rembschler), Geschwister	114
Rentmeister in Wiener-Neustadt	142
Richter und Rath zu Waidhofen a. d. Ybbs	314
Rogendorf, Freiherr von	134

	No.
Rosenberg, von, Oberst-Burggraf u. Oberst-Kanzler von Böhmen	197, 198
Rosenfels, Franz von,	213
Rostock	83, 136, 137
Roverbello	254
Rudolph, Erzherzog v. Österreich	149
Rueber, Hanns	206
Ruel, Hanns Dietrich	148
„ Jacob	148
Ruesch, Leopold (Verbrecher)	102
Rumpf, Moriz	177
ust, Hulle v., geborne Bissendorf	111

S.

	No.
Sachsen	2, 6, 26
Sags, Andreas	271
Salin, Hieronymus, Waldbürger auf der Schemnitz	215
„ Sabine, dessen Tochter	215
Salomon, Jude	200
Salzamtmann zu Gmunden	320
Sandes, Alberto de	256
Sauermann, Valentin zu der Jeltsch	222
Sautter, Marcus	212
Sax, Andreas	271
Schaumberg, Gräfin von,	182
Schemnitz	215
Schindlerin, Katharina	286
Schlanowitz, Hilmar von,	101
Schleinitz, Heinrich von,	115
Schlesien	24, 44
Schlieben, Eustach von,	1
Schönfeldt, Oswald von,	48
Schregl, Sebastian	112
Schwanbach, Andreas von, königl. Secretär	144
„ Johann Andreas von	272
„ Maria von,	272
Schwarz, Felix, Hoftrabant	63

	No.
Schwarzburg, Grafschaft bei Sondershausen	317
Schwarzenberger, Niklas	18
Schweden	26
Schulmeister, der, zu Sommerein (Verbrecher)	135, 172
Scorny, Heinrich	39, 92
Seggen, Jacob	228
Seidlitz, Isaak von,	115
Seill, Elias, Pfarrer zu Statz	127
Senfftl, Paul (Verbrecher)	188
Seren, Graf von,	228
Serotin, Scherotin, s. Tscherotin.	
Sommerauer's Tochter	188
Speichinger, Hanns (Verbrecher)	196, 202
Sparwein, Jacob von,	5
Specht, Joachim, Magister	113
Spettl, Georg	160, 180
Spiegl	115
Spiess, Paul, Futterschreiber	321
Sprenger, Siegmund	39
Städler	228
Städte, die dreizehn in der Schweiz	19
Stadtgericht zu Wien	41
Stadtrichter zu Wien, s. Fahler Hanns.	
Stain, der von,	26
Stanndl, die Herren von,	9
Stampfen, Ant. v. (Stampin)	153
Stadthalter v. Oberösterreich, s. Helfenstein, Graf von,	
Stellderle	288
Steyor, Landschaft zu,	30
Seyr (Steiermark)	119
Stolberg, Ludwig, Graf v.,	208, 210
Strada, Jacob	192, 194
Stredele Christoph, Pfenningmeister und Hofcontrolor,	3, 149, 201
Strein, Ulrich, Komthur des deutschen Ordens	154, 155

	No.
Streitberger, Martin, bei der Post zu Augsburg . .	28
Stubenvoll, Mathias .	269, 271
Sturcznpain, Wolfgang und Anna sein Weib (beide Verbrecher)	196
Sulcz, Graf von, Stallmeister des Erzherzogs Ferdinand	249
Superintendent der kais. Stadtgebäude in Wien . .	223
Swetkowitz, Adam, königl. Rath und Kümmerer . .	14

U.

Ulm	103, 245
Ungnad (Ongnad), Hanns,	4
„ Ludwig, Freiherr zu Sonnegg, Hofmarschall	149

W.

Waidhofen an der Ybbs .	314
Walensky (Valensky), Georg	115
Wallnstein, Friedrich von, auf Aulibitz, kais. Mundschenk	185
Walstein, Heinrich von, königl. Commissär und Gesandter.	83, 84, 133, 136, 137, 185

	No.
Walter, Melchior, Predicant	268
Warnsdorf, Niklas v., königl. Commissär u. Gesandter	83, 94 133, 136, 137.
Weissbriach, Hanns von,	277, 279
Wien	49
Windischland	38
Wolf, Andreas, Kammerer zu Regensburg	122
Wolkenstein, Kaspar von,	71, 72
Worms	10

Z.

Zasy, Joachim, Dr. Theologiae, Probst zu Ödenburg und Canonicus zu Basel . .	16
„ Johann Ulrich, Dr. Juris, kais. Rath	—
Zedlitz, Otto von, ...	255
Zelking, die Brüder von, . .	54
Zeme, Fabian, Truchsess,	216, 220
Zierotin, s. Tscherotin.	
Zoppl, Joseph, Dr. und Rath	215, 262
Zuniga, Maria Magdalena de, Frauenzimmer der Königin	189
Zurler, Jeremias, Hoffourier	64